Quem **matar** na hora da **crise**?

ARTUR LOPES

Quem **matar** na hora da **crise**?

Como resgatar a sua empresa e fazê-la crescer.

Presidente
Henrique José Branco Brazão Farinha
Publisher
Eduardo Viegas Meirelles Villela
Editora
Cláudia Elissa Rondelli Ramos
Preparação de Texto
Vânia Cavalcanti/Know-how Editorial
Projeto Gráfico e Editoração
Catia Yamamura/Know-how Editorial
Capa
Daniele Gama
Imagens de capa
Dreamstime
Revisão
Nathalia Ferrarezi/Know-how Editorial
Impressão
Gráfica Paym

Copyright © 2012 by Editora Évora
Todos os direitos desta edição são reservados
à Editora Évora.
Rua Sergipe, 401 – conj. 1.310 – Consolação
São Paulo, SP – CEP 01243-906
Telefone: (11) 3562-7814 / 3562-7815
Site: http://www.editoraevora.com.br
E-mail: contato@editoraevora.com.br

Dados Internacionais de Catalogação na Publicação (CIP)

L85q

    Lopes, Artur,
       Quem matar na hora da crise? : como resgatar a
sua empresa e fazê-la crescer / Artur Lopes. – São
Paulo: Évora, 2011.
       208 p.

       ISBN: 978-85-63993-29-8

       1. Administração de empresas – Brasil. 2. Sucesso
nos negócios – Brasil. I. Título.

                             CDD- 658.0981

José Carlos dos Santos Macedo   Bibliotecário CRB7 n.3575

A edição comemorativa deste livro
é dedicada à Beatriz e ao Gabriel Lopes.
Agradeço ainda à Adriana e
à Conceição Lopes pelo apoio e incentivo.

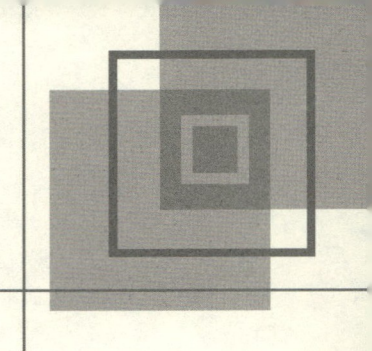

Fica registrada também a minha gratidão à equipe da Artur Lopes & Associados, composta por Abner Nogueira, Adriana Fernandes, Antonio Marcos Giraldo, César Sada, Cesar Santaella, Camily Oliveira, Cinthia Fagundes, Deise Silva, Elaine Barros, Marcos Tavares, Nilson Belisário, Paulo Cesar Santos, Rubens Nascimento, Ricardo Elias, Simone Dragone, Solange Vedrani, Waldeir Foresti e, principalmente, ao Marcos Freitas.

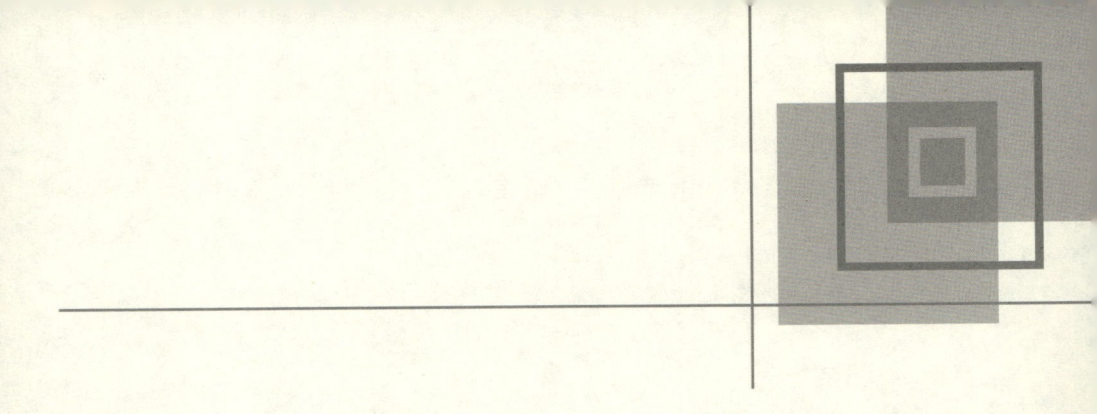

Se em certa altura
Tivesse voltado para a esquerda em vez de para a direita;
Se em certo momento
Tivesse dito sim em vez de não, ou não em vez de sim;
Se em certa conversa
Tivesse tido as frases que só agora, no meio-sono, elaboro –
Se tudo isso tivesse sido assim,
Seria outro hoje, e talvez o universo inteiro
Seria insensivelmente levado a ser outro também.

Fernando Pessoa

APRESENTAÇÃO
À EDIÇÃO COMEMORATIVA

Publicada em 2011, a primeira edição deste livro já preparava o espírito dos empreendedores brasileiros para entender a complexidade do cenário preocupante que despontava no horizonte naquele momento. As análises contidas nos textos não haviam saído de bola de cristal nem de jogos de prestidigitação, muito menos foram reveladas por algum oráculo da moda. Ao contrário, devo isto à experiência obtida por anos de trabalho ajudando empresários a sairem de situações adversas.

De lá para cá, embora tenha se passado apenas quatro anos, nosso país se vê no meio de um intenso redemoinho de transformações institucionais, políticas, sociais e econômicas, que trouxeram enormes dúvidas e desconfianças sobre a capacidade do Brasil em sobrepor-se ao atraso e tornar-se, enfim, o país do futuro.

Assim como não foram só os 20 centavos a mais na tarifa dos ônibus que acabaram levando milhares de pessoas a protestarem nas ruas, a eleição presidencial de 2014 teve bem mais que a mera disputa política como causa para dividir o país em dois polos – o primeiro, formado pela situação, que arruinou sua própria identidade ideológica e perdeu-se nas entranhas do poder; e o segundo composto por uma oposição que até hoje não conseguiu entender o seu verdadeiro papel.

Deteriorada por um gradual processo iniciado ainda em 2008, em função da crise internacional dos *subprimes* – tratada à época como uma simples "marolinha" –, a economia brasileira tornou-se vítima de si mesma. De um lado, incentivos fiscais, como a isenção de Imposto sobre Produtos Industrializados (IPI) para automóveis, se converteram em armadilhas ao acelerar o consumo e gerar uma espiral inflacionária; de outro, quando esse modelo se esgotou, os setores produtivos se viram forçados a cortar o ritmo das linhas de produção e a demitir parte do quadro de colaboradores, ou ainda a adotar os *layoffs*, como vêm ocorrendo com as fábricas de automóveis.

Os anos anteriores a esta nova edição do livro trouxeram consigo uma gama de problemas tão gigantesca como a extensão territorial do Brasil, caso emblemático da gradual subida da inflação que, em 2015, fechará próxima de dois dígitos. Da mesma forma, até o final deste ano, por exemplo, os cortes no orçamento anunciados pelo governo federal chegarão a R$ 70 bilhões, provocando mais desindustrialização e desinvestimentos em infraestrutura.

O PIB vem definhando. O Índice de Atividade Econômica do Banco Central mostrou que a atividade econômica brasileira segue estagnada, com variação positiva de 0,03% em maio em relação ao mês anterior. A agência de classificação de risco Moody's acredita que o nosso PIB recue 1,8% neste ano e cresça 1% em 2016. O crédito, escasso desde 2014 após uma fabulosa oferta nos anos anteriores, sumiu da praça. Sem dinheiro, até em função da queda nas vendas do varejo, a maioria das indústrias e das empresas está girando com muita dificuldade o seu caixa.

Na outra ponta, o consumidor também está se virando como pode. A inadimplência geral aumentou no país, chegando a 4,6% em junho de 2015, em relação ao primeiro semestre do ano anterior, de acordo com o Serviço de Proteção ao Crédito (SPC Brasil) e a Confederação Nacional de Dirigentes Lojistas (CNDL). No balanço semestral, houve avanço das dívidas de até 90 dias (alta de 19,30%) e entre 91 e 180 dias (alta de 24,74%). É um panorama preocupante, sem dúvida.

Diante disso tudo, o volume de pedidos de recuperação judicial não parou de crescer. Somente no primeiro semestre de 2015 foram registrados 492, um recorde para o período e o pior resultado desde a entrada em vigor da nova lei de falências, em junho de 2005, conforme aponta levantamento da Serasa Experian. Tais números espantosos poderiam ser piores, não fosse a obstinação de muitos empreendedores que ainda encontram forças para vencer as dificuldades. A tendência, entretanto, é que a quantidade de empresas fechando as portas exploda nos próximos anos, caso o governo não adote uma agenda positiva para minimizar esta questão.

Grande parte da dificuldade do país também se deve aos desvios provocados pela corrupção endêmica que persiste em tragar bilhões de reais anualmente, um montante exorbitante retirado de investimentos em áreas vitais como saúde e educação, e que é subtraído em todas as esferas do poder.

A crise econômica assombra empresários e consumidores. Todo um fator psicológico aflora desta situação, revelando as diversas facetas humanas envolvidas em um momento negativo como este, desde a perspectiva de perder o emprego até a de enfrentar uma falência nos negócios. A desconfiança eleva-se a níveis insuportáveis de modo a reter, em boa parcela dos casos, o ímpeto criativo e empreendedor, desaguando em desestímulo e depressão.

Já vivemos crises de todos os tamanhos e alcances, mas nunca tanta gente admitiu ter medo do futuro. O desemprego acelerou. Segundo o Cadastro Geral de Empregados e Desempregados

(Caged), divulgado pelo Ministério do Trabalho, o Brasil fechou 111.199 vagas formais de trabalho em junho e outros 115.599 em maio de 2015. Com números desta monta, como pode o trabalhador realizar suas atividades com tranquilidade?

De fato, a análise dos dados assusta. Por isso, o tratamento de situações de crise, além de exigir um diagnóstico preciso que engloba a situação conjuntural e as peculiaridades de cada empresa, demanda uma forte sensibilidade, pois a dificuldade muitas vezes traz consigo um grande paradoxo: todos aqueles direta ou indiretamente prejudicados pela crise têm razão!

Se por um lado o banco tem o direito de reaver o capital emprestado à empresa em crise, por outro, o fornecedor que entregou insumos tem o direito de receber o pagamento. Da mesma forma, o funcionário que trabalhou o mês inteiro tem o direito de receber o salário em dia, assim como o fisco, por força de lei, tem a expectativa legítima de auferir o que lhe é devido.

Mas o que se deve fazer quando surge uma impossibilidade? O que fazer quando o exercício de todos os "direitos" inviabiliza a empresa e, por consequência, impede a solvência desses débitos? Gerir crises não é fácil, mas, nessas horas, a racionalidade deve se impor, mesmo com todos os prognósticos contra.

A gestão de crises, segundo a metodologia que desenvolvi, permite a mediação de todos os interesses antagônicos, contemplando-os parcialmente, no curto prazo, para que o processo de salvamento da empresa se complete e as dívidas legítimas sejam efetivamente pagas. Além de equilíbrio e bom senso, esta intercessão reclama um verdadeiro arsenal de ferramentas, procedimentos e, acima de tudo, uma atitude arrojada e segura diante da adversidade.

Sob esta ótica, quatro anos depois do lançamento da primeira edição *Quem matar na hora da crise?* continua atualíssimo. Ainda hoje o livro tem a primazia de ser uma obra de fácil consulta e acesso, podendo ser considerado um verdadeiro "guia" destinado a empresários, executivos e profissionais de negócios.

A primeira edição da obra trouxe muitas recompensas, principalmente o *feedback* dos empresários-leitores, muitos dos quais capturaram a essência das questões retratadas e a atmosfera típica de uma empresa em crise, a ponto de atribuírem minha inspiração aos exemplos de suas próprias companhias.

Além da abordagem multidisciplinar, com ferramentas e aferições objetivas, o livro enfoca questões subjetivas que raramente são perceptíveis para o empresário, mas que podem retardar ou comprometer processos de reestruturação.

Empreendedores de sucesso certamente já fracassaram alguma vez na vida. Se não uma, várias. Não é vergonha nem sinal de fraqueza admitir que a empresa precisa de ajuda para se reerguer. Como empresário, já passei por algumas situações complicadas, bem similares às relatadas pelos meus clientes. Por isso, provar na pele as agruras de uma crise é, sem dúvida, essencial para formar o "caráter empresarial".

O resultado final deste trabalho aprofundado – conduzido com muita dedicação – é mediar centenas e centenas de dramas pessoais em cada um dos nossos projetos, mantendo o emprego e o salário para os trabalhadores, a contraprestação para os fornecedores e parceiros financeiros, garantindo a sobrevivência da empresa.

Hoje, entendo que o sucesso é consequência de se acreditar em uma equação bem simples, baseada nos três "Ps" – pessoas, processos e produtos. Afinal, não existem fórmulas mirabolantes nem "atalhos" para o sucesso, apenas trabalho duro, comprometimento total, gestão responsável, sobretudo para se despir de preconceitos, e autoconfiança desmedida para mudar de rumos quando as coisas começam a andar de mal a pior.

São Paulo, julho de 2015.

O autor

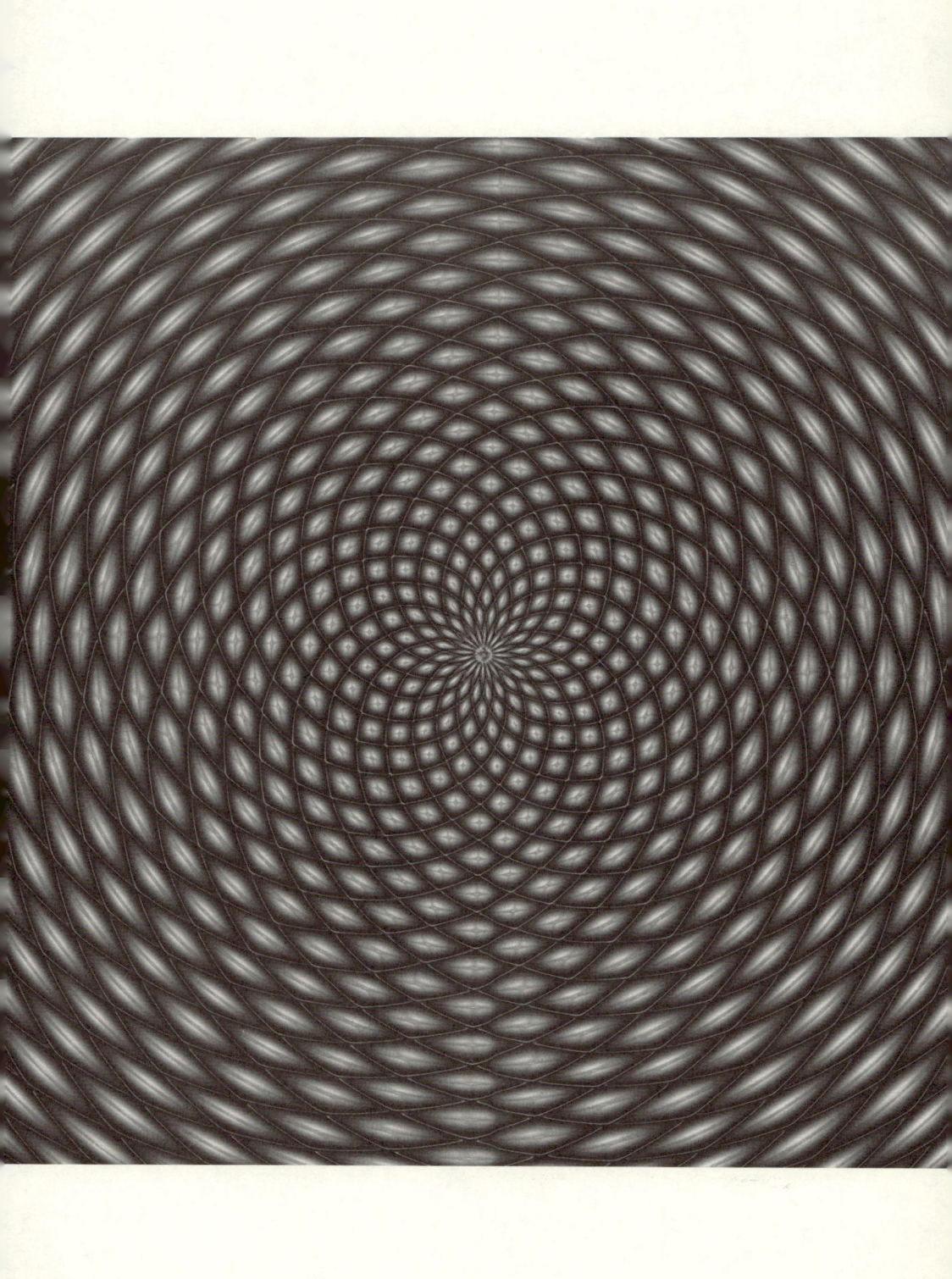

PREFÁCIO

Quem matar na hora da crise? Nos dias de hoje, podemos dizer que as crises não são mais cíclicas no organismo das empresas, mas uma dinâmica contínua. O mundo globalizado impõe ajustes constantes na gestão da empresa.

A propagação dos preços viaja à velocidade *on line*, tornando-os conhecidos dos consumidores em tempo real. A internet fornece pesquisas de produtos e seus preços em *sites* diversificados, fazendo a competição pelo mercado cada vez mais difícil. Neste contexto, podemos afirmar que as empresas estão constantemente em crise, pois temos de ajustar a produtividade e a eficiência de nossas organizações a todo momento.

À primeira vista, pode-se ter ideia que o problema da globalização atinge apenas as grandes empresas, mas seu efeito é sentido em qualquer tamanho de organização que se queira perpetuar no mercado.

O autor disserta para todos os tipos de empresários, de forma muito didática, os passos que devem ser analisados para garantir que uma empresa sobreviva às crises que as ameaçam. Enfatiza a inércia administrativa dos empresários, que, muitas vezes, estão no meio da crise e não tomam ações necessárias para ajustes no ciclo operacional e no processo de gestão, para redirecionar o foco e os objetivos da empresa. Esta atitude contemplativa ocorre por acharem estar apenas em um mau momento de mercado e que a bonança mercadológica deverá retornar no futuro próximo, arriscando, dessa forma, a levar a empresa à insolvência.

A forma simples e minuciosa das análises e das ações, descritas sem arrogância do falso "economez" ou "financez", torna a leitura agradável e de fácil entendimento.

Podemos dizer que este é um manual que descreve os princípios de enfrentamento de uma crise, seja qual for o tamanho da empresa, pois os princípios de gestão dos processos são os mesmos, embora a grande organização contemple maior complexidade. Deixa claro, também, que, muitas vezes, é necessária a ajuda de profissionais experientes para debelar as crises.

A resposta simples de quem devemos matar na hora da crise é a própria crise, mas isso demanda atenção contínua na qualidade da gestão e observação da dinâmica do mercado.

Manoel Horácio Francisco da Silva
Presidente do Banco Fator

APRESENTAÇÃO

Recentemente, escrevi um livro – praticamente técnico – sobre gestão de crise financeira e *turnaround*[1] e, embora a concepção dessa obra tenha me dado muito prazer, não fiquei totalmente satisfeito.

Essa *insatisfação* motivou este segundo livro, onde revisito alguns dos conceitos e assuntos ali discutidos, pois, em virtude de partilhar a autoria da obra anterior, não pude dividir com o leitor impressões muito pessoais acerca dos processos de superação de dificuldades e, acima de tudo, compartilhar *minha experiência pessoal* como empresário e consultor.

Poucas pessoas sabem que eu já me vi, pessoalmente, na mesma condição dos meus clientes.

Uma empresa da qual fui sócio nos anos 1990 atravessou grave situação financeira, me levando a vivenciar, na prática, as agruras de uma crise.

---

[1] LOPES, Artur; ASSIS, Jonas Hipólito de. *Manual de gestão de crise financeira e turnaround.* São Paulo: IOB, 2009.

Conheço – por experiência própria – a incerteza, a dor e o sofrimento decorrentes de uma situação de dificuldade e o receio de um iminente colapso financeiro.

Quando me sento diante de um empresário em apuros, não só entendo o que ele me *diz*, como também sei exatamente o que *sente*.

Nenhum consultor, assessor ou executivo – por mais comprometido que seja – pode imaginar a angústia e principalmente a solidão pelas quais passa o empresário num momento de crise.

Foram muitas as vezes em que despertei no meio da noite sem conseguir dormir mais, tentando planejar o pagamento da folha ou encontrar uma nova forma de incrementar as vendas e em alternativas para poupar do pior a minha família, os funcionários e fornecedores.

Numa situação de crise, além da dificuldade intrínseca de um momento desfavorável, ou seja, das questões objetivas, das diversas contas a pagar, há também aspectos subjetivos que decorrem da cultura e da própria história econômica do País, assim como do processo de formação dos dirigentes de uma empresa, sejam eles executivos ou os próprios empresários.

Todas essas questões interferem no processo de superação dos obstáculos, porém, sem o abalo de qualquer dúvida, as questões subjetivas são sublimadas com mais dificuldade.

Assim, no âmbito conjuntural, num intervalo de poucas décadas, o Brasil experimentou, como moedas, o cruzeiro (1942/1964); o cruzeiro sem centavos (1964/1965); o cruzeiro novo (1965/1970); novamente o cruzeiro (1970/1984); o cruzeiro sem centavos (1984/1986); o cruzado (1986/1988); o cruzado novo (1989/1990); o cruzeiro – pela terceira vez (1990/1993); o cruzeiro real/URV (1993/1994); e, finalmente, o real.

Além de todas essas alterações na moeda, também fomos seriamente abalados, num passado recente, por diversas crises: do petróleo (1973), da dívida externa (1980/1982), do México (1994/1995),

Asiática (1997), da Rússia (1998), a crise cambial do próprio Brasil (1999), da Argentina (2001), a da Internet ou das "empresas.com" (2000/2001) e, mais recentemente, pela crise financeira internacional, a dos *subprimes* (2008).

Além de todas essas crises, vivenciamos um processo de hiper-inflação que foi interrompido – em breves momentos – por planos econômicos exóticos, até a estabilização da moeda, em 1994.

Não obstante, em que pesem tantas turbulências, sobrevivemos!

Neste ambiente inóspito, de grandes desajustes internos, crises econômicas e oscilações severas nos pulmões financeiros do mundo, houve aqui um processo *darwiniano* de sobrevivência empresarial.

Aqueles dirigentes que conseguiram superar as dificuldades desenvolveram uma curiosa sensação de invulnerabilidade, uma espécie de *déjà-vu,* quando novamente se percebem em meio a dificuldades. A crise, em qualquer esfera e grau, não é novidade. O nosso empresário já a considera algo familiar.

Quando se veem em apuros, empresários e executivos ativam um *recall* de sobrevivência à recessão intensa, à inflação galopante, às tablitas, aos congelamentos, às trocas de moeda e até mesmo ao confisco de seus bens.

Nós, brasileiros, respiramos fundo e encaramos como mais uma, dentre tantas crises e dificuldades já enfrentadas e superadas.

Nossos empresários e executivos, por terem sido formados em meio à turbulência e à instabilidade, sentem-se, enfim, inatingíveis, quase imortais.

Os tempos, entretanto, são outros.

No passado, a derrocada de uma empresa era um processo lento, silencioso, que poderia se estender por anos a fio, ao contrário do que ocorre nos ágeis tempos de hoje, com interligação, transmídia, conexão e muito mais.

Os negócios, atualmente, se fazem de modo instantâneo e pulsante, tal qual o momento em que vive a sociedade, tão rápida, prática e efêmera.

A Internet, a telefonia celular e a integração comercial entre países modificaram por completo o ambiente econômico de um passado muito recente.

A ordem foi alterada. Novos padrões entraram em vigor e uma forma mais orgânica de ver uma empresa se faz necessária.

E, mesmo neste cenário diferente, no qual os riscos e as oportunidades em nada lembram o passado, o empresário brasileiro ainda se sente invulnerável. Ele tende a pensar que a crise pela qual está passando é mais uma dentre tantas outras já vencidas, o que é bastante positivo por um lado, mas pode ser fatal por outro.

Essa suposta onipotência, praticamente uma fé cega de que tudo se acomodará, o paralisa, deixa-o inerte diante de situações que reclamam uma correção evidente, sobretudo nesses novos tempos.

Além de cultivar essa sensação, os empresários e executivos não são dados à autocrítica quando algo não vai bem.

Ao invés de combaterem a doença, optam, normalmente, de forma até inconsciente, por desconsiderar os sintomas ou não lhes dar a devida atenção.

Para o ser humano, em geral, é difícil suportar a contrariedade de maneira serena, ainda mais para quem detém poder e está acostumado ao êxito. Quem – numa obra de grande fôlego – captou com perfeição esse comportamento do dirigente da empresa foi Marco Antônio de Oliveira,[2] para quem:

> Executivos e altos dirigentes são pessoas de sucesso, acostumadas a ver que as coisas que fazem dão certo e a ser profusamente

2   *Vencendo a crise à moda brasileira.* 2. ed. São Paulo: Nobel, 1994. p. 43.

elogiadas e admiradas por isso. De fato, poucos indivíduos, numa sociedade como a nossa, terão recebido tanto elogio e admiração, por anos a fio, como o presidente de uma empresa, em sua trajetória ascensional até esse posto!

Portanto, não deve causar surpresa a ideia de que, numa posição dessas, esse individuo possa ter dificuldade em conviver com alguma situação adversa, na qual suas decisões não deem os resultados esperados e suas iniciativas venham a fracassar.

Na mesma obra, Marco Antônio de Oliveira[3] é ainda mais claro:

> O tema tratado aqui – alguns leitores por certo já adivinharam – é de fato a **tolerância à frustração**, uma questão chave quando se configura a combinação de dois elementos: dirigentes e crise.

Normalmente, pessoas nos cargos de direção e decisão possuem um mapa mental daquilo que acreditam ser a linha correta de atuação e, uma vez que essa diretriz seja afrontada pelos fatos, a tendência é que – por sua baixa tolerância à frustração – os resultados negativos sejam relativizados, mitigados ou ignorados.

Outro fator que pesa negativamente nos momentos de crise é aquilo que chamamos de ego inflado. A manifestação do ego – de forma positiva e negativa – está profundamente enraizada em nossa percepção de mundo e na forma como reagimos aos estímulos que a vida nos oferece.

A união da tríade ego exacerbado + pouca habilidade para tratar com frustrações + sensação de invulnerabilidade nos negócios é fatal para que muitas empresas decretem falência e seus líderes acabem entrando em profundas crises existenciais.

Até mesmo quando a crise é admitida, muitas medidas corretivas são postergadas, afinal, no próximo ano o mercado reagirá,

---

[3] Obra citada página 42.

daqui a algum tempo vamos sediar a Copa do Mundo e as Olimpíadas, o pré-sal vai dinamizar a economia...

Mais uma vez, estamos diante daquela fé cega de que tudo se acomoda, afinal já se superou esse, aquele e aquele outro momento difícil...

Nesse quadro, enquanto os gestores da empresa se batem contra a realidade, as estruturas internas do negócio vão se esgarçando e quando, finalmente, a crise é tratada, a sua solução é mais onerosa, demorada e sacrificante.

Eu mesmo passei por essa situação e só hoje, depois de analisar com frieza e paciência o processo, é que consigo escrever com tanta clareza sobre aquele momento e meu comportamento.

Por não acreditar que o ocorrido fosse exclusividade minha, nasceu o desejo de compartilhar essas ideias neste livro para poder ajudar, de alguma forma, tantos empresários a não caírem nas mesmas armadilhas.

Nas próximas páginas, discorrerei sobre temas espinhosos, áridos e difíceis, que tentarei, na medida do possível, traduzir para uma linguagem informal e de fácil compreensão.

Não pretendemos oferecer ao leitor fórmulas perfeitas, pois cada realidade é única, cada empresa possui características só suas. Inexiste metodologia integralmente APLICÁVEL sobre determinada realidade, mas um *know-how* ADAPTÁVEL a situações concretas.

O leitor deve sempre desconfiar das fórmulas prontas, tipo "receita de bolo", e que fique claro – desde já – que isso não será oferecido na leitura que se inicia; este livro aborda a crise de gestão e a gestão da crise. O primeiro episódio é, quase sempre, um atalho para o segundo.

SUMÁRIO

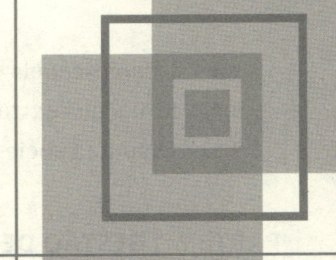

INTRODUÇÃO

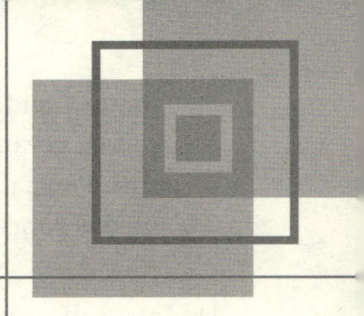

A economia se expande e se retrai ao sabor de deduções, percepções, ilações e humores de mercado ou pela interpretação e ignorância de determinados indicadores, gerando conjunturas favoráveis ou desfavoráveis, afetando diretamente não somente a vida de populações inteiras, bem como a saúde financeira de milhares e milhares de empresas, ameaçando a sua sobrevivência.

Em virtude da instantaneidade na propagação da informação e da forte interdependência entre as economias, a sensação dos indivíduos de cada parte do planeta pode se resumir a um forte sentimento de insegurança, que ameaça o futuro, como descreveu o ex-presidente do *Federal Reserve*, Alan Greenspan:[4]

> O mundo em que vivemos hoje dá a muitos cidadãos motivos sobejos para ter medo, inclusive em face da eliminação de muitas fontes até então instáveis de identidade e segurança. As mudanças

---

[4] *A era da turbulência*. Rio de Janeiro: Elsevier, 2007. p. 17.

muito rápidas, que ampliam as disparidades na distribuição de renda, geram grande apreensão. Trata-se, de fato, de uma era de turbulência. Seria imprudente e imoral minimizar o custo humano das rupturas em curso.

De fato – diante de tantas, diversas e constantes ameaças econômicas –, a sensação é de insegurança e impotência.

As novas situações apresentam-se de maneira sucessiva e inesperada. Enquanto estou finalizando este livro, o Congresso Americano discute o aumento (ou não) do limite do endividamento dos Estados Unidos, sendo que os analistas já começam a considerar a possibilidade de um *default* da maior economia do planeta.

Que analista poderia prever um impasse político de tal magnitude?

O mundo aguarda, atônito, o desfecho dessa briga paroquial.

Quantos sustos não nos aguardam ainda nas próximas esquinas?

No passado, as consequências de um cenário adverso demoravam para ser sentidas, permitindo a países, empresas e pessoas a adoção de medidas destinadas a lhes amortecer o impacto.

A vida contemporânea embute, em nosso cotidiano, desafios impensáveis por nossos pais e avós. O ritmo das inovações é alucinante, e os consequentes impactos, perturbadores.

Vivemos em constante estado de alerta, sempre ansiosos e em vigília pelo receio ante aquilo que se conhece ou não.

Receios, ansiedades e sobressaltos constantes potencializam, às vezes irracionalmente, os desdobramentos de quaisquer movimentos de contração na economia ou na análise de indicadores desfavoráveis. Havendo crise, ela se autoalimenta.

Em contrapartida, além de questões macroeconômicas, a perpetuidade das empresas é desafiada também por episódios circunstanciais, tais como modificação de tendências de consumo, obsolescência de produtos ou meios de produção, imobilização de recursos, cujo retorno não se deu na forma planejada, ausência de capacidade gerencial e/ou má administração, ingresso de novos concorrentes no mercado. Enfim, muitos são os fatores peculiares que podem aniquilar a tranquilidade financeira de uma companhia.

Na era da informação e da globalização, o grande desafio na história de cada empresa não é saber SE a crise virá, mas, sim, QUANDO virá e O QUE fazer para dissipar seu impacto, pois são raras as empresas, pequenas ou grandes, nacionais ou multinacionais, que não foram, em determinado momento e de algum modo, ameaçadas na sua sobrevivência.

Neste contexto, entendo que o manejo da dificuldade, a gestão de crise e a administração de cenários adversos constituem uma verdadeira especialidade. As lógicas e as prioridades se modificam.

Assim, ao ser atingida pela dificuldade, a empresa necessita implementar um **programa coordenado e multidisciplinar** para RECUPERAR, CONSOLIDAR e, futuramente, AMPLIAR seus negócios, pondo-se a salvo de quaisquer ameaças.

Não tenho a menor pretensão de que a metodologia descrita nesta obra seja tida como a verdade absoluta; trata-se de um arsenal de ferramentas que, se aplicadas corretamente, propiciam um significativo aumento nas chances de sobrevivência de uma empresa.

Há, certamente, vários outros modos de olhar e tratar a adversidade; não pretendo dar a última palavra nessa discussão, mas contribuir para o diálogo.

Dentre os méritos deste trabalho, talvez o maior deles seja aproximar o tratamento da crise ao cotidiano de empresários, executivos e funcionários. A característica preponderante do trabalho é a sua preocupação com a operacionalidade, não conduzimos processos de reestruturação atrás de escrivaninhas, telas de computador ou ambientes refrigerados, mas do chão de fábrica, do PCP, da área de suprimentos e ao lado dos funcionários administrativos.

Recentemente ouvi de um cliente uma definição inusitada sobre o nosso trabalho: ele é menos *Power Point* e mais *Excel*.

Fiquei calado, apenas sorri satisfeito...

O meu trabalho e o da minha equipe residem em auxiliar empresas em desequilíbrio a retomar sua saúde financeira, quitar seus compromissos e manter os postos de trabalho oferecidos.

O livro trata deste tema que, por causas conjunturais ou circunstanciais, mantém a sua atualidade. Eu o convido a conhecer nosso trabalho, como empregamos nosso esforço, tomando contato com nossos pensamentos, metodologia e *know-how*.

parte **1**

CRISE DE GESTÃO

O único lugar onde o sucesso vem antes do trabalho é no dicionário.
Albert Einstein

QUEM MATAR NA HORA DA CRISE?

capítulo 1

Nestes tempos de grandes e rápidas transformações, a diferença entre a vida e a morte de uma empresa, muitas vezes, se define por sua capacidade de mudar rapidamente de rota, e não mais somente em função da solidez patrimonial que, eventualmente, apresenta.

Possuir ativos de alto valor, por exemplo, e não conseguir se desfazer deles com a devida agilidade, diante de uma situação crítica, pode, sim, tornar a quebra inevitável, por mais que um negócio ainda pareça viável. É que hoje uma companhia vale pela liquidez e pela capacidade de gerar caixa que possui, não somente pelos bens materiais e imateriais integrantes de seu ativo, como ocorria num passado relativamente recente.

Mesmo diante desse aspecto crucial da economia moderna, uma parcela considerável de empresários, seja aqui ou lá fora, ainda cultua a figura do "capitão de indústria", ser poderoso e cuja sensação de onipotência só perde mesmo em intensidade para a teimosia.

Esse personagem é alguém que acredita, basicamente, ser fundamental amealhar uma imensidão de ativos, recusando-se a desmobilizá-los, se necessário, para conferir novo ânimo aos negócios.

No Brasil, após superar confiscos, trocas de moeda, inflação galopante, valorização e desvalorização cambial e pacotes tributários, é compreensível que o empresário se ache invulnerável e, por consequência, resista às exigências dos tempos atuais, quando se vê em dificuldades.

Os tempos são outros. Estamos na era da informação e da globalização da economia, e, ao se reconhecer em crise, o empresário deve rever suas convicções, a fim de se beneficiar de ferramentas inerentes ao processo de gestão de crise, cada vez mais difundidas nas organizações, por meio das quais, frequentemente, não apenas se evita o fim, como também se obtém um novo e revigorado começo.

Para isso, no entanto, é necessário realizar avaliações objetivas, totalmente desvinculadas de sobrenomes ou vaidades, capazes de realmente mostrar o caminho a seguir.

É nessa hora que surge uma pergunta instigante: quem deve morrer quando a crise se impõe e a busca pela sobrevivência fala mais alto? As convicções pessoais de seus dirigentes ou os empregos, as riquezas e tudo o mais gerado por essa louvável iniciativa?

A gestão apaixonada, como se sabe, é uma velha e conhecida causadora da cegueira, praticamente uma doença de ordem cultural, independente do tamanho da companhia e que, muitas vezes, se transmite de geração em geração, mas que o ambiente empresarial rejeita frontalmente cada vez mais.

De modo geral, esse modelo é responsável pelo desenvolvimento de todo um universo desfavorável, passível de mudar apenas e tão somente mediante uma transformação profunda de comportamento, da qual resulta a definição de alvos certeiros a atingir.

Quem não estiver realmente preparado para ouvir o diagnóstico da equipe multidisciplinar, interna ou externa, que deve se envolver na realização desse trabalho, é serio candidato a desaparecer do mercado, de forma compulsória, sem ao menos ter o direito de fazer a escolha de quem deve morrer: as suas convicções pessoais ou a empresa.

ADMINISTRAR É PRECISO

Confesso que, na infância, muito me intrigava a conhecida frase *"Navegar é preciso, viver não é preciso"*, algo perfeitamente aceitável, convenhamos, em se tratando de alguém com vivência então suficiente para entender, quando muito, o teor literal das coisas.

Anos depois, já no mundo corporativo, ficaria fácil perceber que ambos os significados do verbo precisar (exato e necessário) podem – e devem – ser considerados em plenitude quando o assunto em pauta é a boa gestão.

O que ainda se vê, no entanto, é um número espantoso de empresas onde nenhum dos sentidos habilmente manejados por Fernando Pessoa é tratado com a devida atenção, dando lugar – isso, sim – à perigosa mistura entre falta de planejamento e ausência absoluta de ferramentas adequadas para o estabelecimento de controles.

Como resultado, tal conduta tem sido pródiga em gerar sobressaltos a cada balanço, deixando frequentemente à deriva não só os gestores dessas estruturas, como também as equipes, os fornecedores, os clientes e tantos mais que dependam, diretamente ou não, de sua capacidade de produzir e gerar riquezas.

Mesmo não sendo um primor na forma de fazer negócios, a organização que ao menos se dê ao trabalho de controlar seriamente os resultados obtidos tem a total condição de agir a tempo, quando a luz amarela acende, ao indicar prejuízo na operação cotidiana ou o acúmulo de ativos onerosos e desnecessários, por exemplo.

Diante desses sinais inquietantes, percebidos e analisados a tempo, quase sempre é possível rever processos e estratégias antes que situações extremas se instalem, um quadro com o qual tenho me deparado frequentemente, ao atuar na recuperação de empresas dos mais diversos portes e naturezas.

Na maioria esmagadora dos fracassos iminentes, investir em recursos humanos e sistemas é tido como um ônus, o famoso mal necessário, para no máximo garantir o cumprimento de obrigações trabalhistas e fiscais, porém sem levar em conta o aproveitamento do que se investe nessas áreas para melhorar desempenhos, além de perpetuar nomes e marcas.

Em circunstâncias assim, em vez do brilhantismo característico da boa poesia, o que prevalece é uma cultura equivocada, menosprezando não apenas os números, mas também outros valores indispensáveis à verdadeira grandeza empresarial.

Assim, mesmo com todas as cautelas e cuidados, mesmo com planejamento, uma empresa poder ficar à deriva ou até mesmo sucumbir por fatores conjunturais. O que dizer da sua perpetuidade, sem planejamento ou administração?

A adoção de ferramentas gerenciais de acompanhamento das operações é a única maneira de tornar objetiva a análise da situação da empresa, esteja ela em crise ou não. É com elas que se detectarão os pontos positivos e negativos da companhia, identificando o que e como deve ser mudado. Sem essa metodologia, imperativa nesses casos, o sucesso no diagnóstico dos vários aspectos do problema é praticamente impossível.

Ao ignorar sua própria condição e continuar preso a conceitos antigos e à sensação de onipotência, que muitas vezes tomam conta de quem começou um empreendimento e teve sucesso ao superar fortes turbulências, o empresário que insiste na condição de aventureiro dificilmente deixará de ser o protagonista de verdadeiras tragédias, mesmo que, do lado de fora, o espetáculo em cartaz seja o do crescimento.

QUEM MANDA?

capítulo 3

Diz-se, de maneira cotidiana, que atrás de um grande homem há sempre uma grande mulher; pode-se falar o mesmo em se tratando de uma crise: se ela existe, um problema de gestão também anda por perto.

Embora sejamos um reconhecido celeiro de pequenas e médias empresas, muitas delas chegando à condição de gigantes ao longo do tempo, ainda reinam teorias antagônicas discutíveis sobre o ciclo evolutivo desses empreendimentos e sua administração em nosso país.

Uma delas, sem dúvida, é a ideia recorrente no "mercado" de que os fundadores, por mais que tenham sido visionários no início, acabam se transformando em estorvo.

Na outra ponta dessa relação antagônica, há a crença, por parte dos empresários, de que o processo de profissionalização redundará na perda de identidade, da "alma" da empresa, além, é claro, do constante receio de serem roubados, como se hoje não houvesse sistemas integrados que possibilitam o total rastreamento das operações e uma relativa facilidade em contratar auditorias, até mesmo para as pequenas e médias empresas.

Quando profissionalizar a administração se demonstra indispensável, como conciliar a gradativa troca de comando à manutenção do poder em mãos realmente comprometidas com a história, os valores e a missão do negócio?

Essa dúvida geralmente consiste na principal causa de relutância na hora de se passar o bastão adiante para profissionais externos, cuidadosamente garimpados no mercado.

No caso da sucessão familiar tradicional, além de possíveis conflitos com outros parentes, não é raro que as novas gerações de gestores enfrentem problemas de adaptação, mesmo depois de certo período tentando assimilar a filosofia da empresa e seus processos.

Em contrapartida, a profissionalização – expressão hoje tão em voga – pode igualmente fazer água, se uma série de cuidados não for levada em conta, até mesmo porque nenhum currículo ou antecedente de sucesso pode retratar fielmente valores intangíveis como seriedade, comprometimento e honestidade.

Nesse aspecto comportamental, aliás, a administração familiar tem a seu favor o fato de, mesmo diante da crise mais profunda, quase sempre se manter intacto o sentimento de amor pela empresa, cujo nome a ser preservado, muitas vezes, é o mesmo que seus executivos e descendentes assinam.

Em sentido diverso, na administração familiar, a empresa é vista, geralmente, como a extensão de seus sócios que dela dispõem para o que entendem correto e adequado – fazem e desfazem –, sem pôr à prova suas convicções.

A profissionalização, entretanto, tem contra si o fato de poder propiciar a subordinação dos interesses da empresa aos interesses pessoais do grupo de dirigentes contratados.

Um claro exemplo disso foi visto recentemente, durante a crise bancária das hipotecas nos EUA. Enquanto vários executivos de instituições financeiras colecionavam bônus milionários, suas empresas simplesmente ruíam.

Episódios assim podem ser evitados e o êxito alcançado quando se profissionaliza a gestão com o estreito acompanhamento de acionistas, conselho e demais interessados na perpetuação do negócio.

Na hipótese de a família permanecer à frente dele, deverá pautar sua conduta na gestão séria, baseada em indicadores igualmente confiáveis, pois, assim, provavelmente terá todas as condições de assegurar a perpetuidade do negócio.

Fica claro, portanto, que o sucesso e o futuro da empresa não devem se basear em chavões e receitas prontas, mas numa série de variáveis escrupulosamente controladas, independentemente da opção escolhida.

Havendo profissionalização – para que o processo dê certo –, é necessária a presença constante do controlador, não mais interferindo na operação, mas acompanhando-a e exigindo dos profissionais contratados a obtenção de metas preestabelecidas.

Quando a gestão é familiar, é papel do empresário zelar e administrar a empresa como se fosse de um terceiro, a fim de propiciar o lucro, do qual, então, poderá dispor como melhor lhe convier.

Os empreendimentos possuem uma relevância social que, muitas vezes, transcendem o interesse dos controladores de seu capital social, de quem se espera, no mínimo, a grandeza de se devotar ao negócio ou, reconhecendo suas limitações, contratem e acompanhem de maneira detida a gestão profissional.

Em qualquer dos cenários, porém, quando se perguntar quem manda, a resposta não pode ser outra senão: o interesse da coletividade e as ações voltadas para a perpetuidade do negócio!

EGO E EGOÍSMO

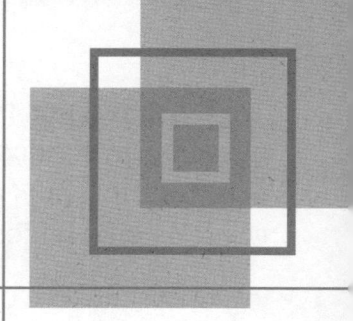

Palavra de apenas três letras, "ego" constitui definição muito usada na psicologia, mas que pode trazer imensas reflexões em várias esferas de nossas vidas e – por que não? – nos negócios também. Ego significa "eu, eu mesmo" e, na psicologia, está atrelada à definição de falta de modéstia e, em seguida, à autoconfiança.

Se considerarmos apenas o segundo aspecto, não deixa de ser um fator pessoal extremamente positivo no perfil de empresários e líderes; entretanto, tem grande potencial de se tornar muito nocivo, pois pode atacar nossos talentos e habilidades, gerando uma desmedida confiança e a ilusão – muitas vezes – de que somos melhores do que realmente somos e que os obstáculos serão, no final das contas, superados.

Por meio da confiança ou da ambição excessivas, ou, ao contrário, da insegurança, nossas qualidades podem ser diluídas e nossos defeitos amplificados pelo culto e pela obediência aos nossos modelos preestabelecidos.

Em geral, nos processos de mudança e *turnaround,* a gestão das pessoas envolvidas e suas emoções representam um dos mais difíceis desafios, pois o ego exacerbado, o medo e a intolerância podem cegar os envolvidos, resultando na destruição de empresas e vidas.

O executivo e o empresário donos de si, competentes, do alto de sua liderança, que se empenharam anos e anos em seu negócio, regem equipes, fazem alianças... como, repentinamente, poderiam se ver em crise? Justo eles que se sentem tão preparados para lidar com seus produtos e serviços, e que conhecem tão bem o seu ramo de atuação...

Essa aparente recusa em admitir que a crise possa ter se instalado em sua empresa quase sempre muito tem a ver com o ego exacerbado. Essa negação dos problemas é comum em muitos de nós. Dói muito encarar medos e fracassos, aceitar que perdemos, falhamos, tivemos insucesso. O peso da perfeição já é tão grande por exigência própria e, na maioria das vezes, se amplifica, pois é humano precisar da aprovação alheia.

Em um mundo que constantemente aplaude quem chega em primeiro, para quem é escravo de seu ego ficar em segundo, terceiro ou no último lugar é o mesmo que ter sua inteligência, rapidez, criatividade e atitude julgadas.

Quando nos sentimos ameaçados, nosso sistema físico, em um curtíssimo intervalo, acelera o ritmo cardíaco, sobressaltando-se entre uma batida e outra do coração. Chamado de excitação fisiológica difusa e também de gatilho neural, o movimento secreta adrenalina, e essa substância faz que nosso metabolismo se altere. O coração se contrai com mais força, as artérias se comprimem, o sangue circula com mais velocidade e a transpiração aumenta.

A natureza é sábia e faz isso justamente para que possamos fugir de um predador, por exemplo. Quando se está em perigo iminente, o medo é um instinto de sobrevivência biologicamente vantajoso, e ignorá-lo quase sempre significava a morte nas eras primitivas. Era melhor ficar sempre alerta e proteger-se ao sinal de perigo do que baixar a guarda e virar almoço de alguma fera faminta.

Ocorre que, na vida moderna, passamos a ser "caçados" por crises, problemas, colisões de pensamentos, divergências de opiniões, enfim, negatividades em geral, e o nosso cérebro não distingue totalmente situações como essas da luta selvagem pela sobrevivência, que marcou a primeira infância da humanidade.

Hoje, 50 mil anos depois, esse imperativo genético permanece em nós, aceso demais para o mundo em que vivemos. O medo age contra a biologia ao se tornar uma reação habitual a conflitos menores do dia a dia.

E, quando nos encontramos nesse estado de excitação fisiológica, costumamos nos blindar para não ouvir e ver determinadas coisas. Essas surdez e cegueira extrapolam o sentido figurado, elas são reais e legítimas, científicas, inclusive. Nesse momento, não conseguimos pensar de forma lúcida, como sempre, e algumas frases que poderíamos ouvir sem problema simplesmente são bloqueadas por nosso sistema de defesa.

Aí é que mora o perigo: a crise bate à nossa porta, os negócios não vão bem, os indicadores nos mostram que as vendas estão caindo, a relação com fornecedores e bancos fica cada vez mais difícil, mas não conseguimos enxergar com clareza, e mais, sequer aceitamos a situação.

Em geral, a baixa tolerância à frustração é responsável por essa turbulência no comportamento desses empresários. A competência a ser desenvolvida, portanto, é a aceitação da situação atual, para que ela possa ser reformulada posteriormente.

Uma lição muito importante nesta linha de raciocínio é compreender que as decepções nem sempre são más; nem fracassos, definitivos. Devemos lutar pelos nossos sonhos, mas, quando contrariados, precisamos ser capazes de firmar nossos pés no chão, de forma resistente e equilibrada.

Nosso ego deve, em suma, trabalhar a nosso favor, no sentido de prover a fé e a autoconfiança que nos impulsionam, e jamais contra nós, cristalizando uma interpretação da realidade que não corresponde aos fatos. Insistir na nossa visão pessoal das coisas quando os fatos a contrariam constitui um desvio, em certos casos, patológico: o egoísmo.

A HUMILDADE, FATOR PREPONDERANTE PARA A SUPERAÇÃO

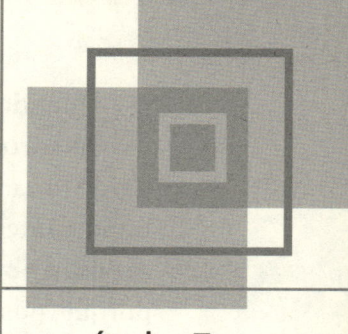

capítulo 5

A humildade é uma das características que mais aprecio no ser humano e constitui um fator preponderante para a sublimação das dificuldades. Enquanto não estivermos prontos para escutar e aprender, sobretudo em relação às nossas falhas e lacunas, não deixaremos que o progresso suba ao palco de nossos acontecimentos. A força do ego é tão grande, que apenas sendo humildes conseguimos voltar para o mundo real.

A humildade reside no ponto de equilíbrio entre dois extremos do ego: em uma ponta, ele é pequeno demais e, na outra, excessivo. O que está no meio disso é o amor-próprio inteligente, que nos impede de achar que somos muito bons ou ruins em demasia.

Ao nos afastarmos da humildade, o ego nos transmite a enganosa mensagem de que estamos suficientemente prontos, mas o pensamento humilde nos lembra de que nunca estaremos. Sempre poderemos melhorar. É exatamente isso que dizem David Marcun e Steven Smith:[5]

---

[5] *O fator ego, como o ego pode ser seu maior aliado ou seu maior inimigo.* Rio de Janeiro: Sextante, 2002. p. 119.

Quando abraçamos a natureza confiante e dual da humildade, os primeiros sinais de perigo do ego são eliminados. A comparação perde força porque, embora possamos nos esforçar para ser mais importantes, não nos iludimos, achando que podemos ser tudo. A busca por aceitação fica desconfortável ao lado da humildade porque nos sentimos bem tanto sendo amados quando sendo antipatizados. O exibicionismo não pode ocupar os pensamentos de quem reconhece seu brilho e ao mesmo tempo sabe que não é a única pessoa brilhante no planeta, ou mesmo naquela sala.

Como já dito, conseguir segurar a força negativa do ego e olhar para os próprios problemas é um passo fundamental para começar a traçar um plano de controle da crise.

Os empresários, tão acostumados à sua postura de liderança e proatividade, precisam se esforçar, sobremaneira, para assumir uma nova postura, dar lugar a outro sentimento muito nobre em tempos difíceis: a humildade.

Quando estamos passando por uma dificuldade, temos a tendência a olhar exclusivamente para fora de nós, buscando entender as causas e achar culpados. Tentamos, em vão, iludir-nos que o outro é a fonte de nossos problemas. Um erro constante e perigoso, que nos afunda ainda mais na fossa de nossas escapatórias.

Os mestres indianos costumam dizer que os problemas são despertadores que tentam acordar as pessoas para a vida. Se não despertarmos com o primeiro episódio, o próximo fará ainda mais barulho.

Infelizmente, a maioria dos executivos não trata os problemas com a atenção e o cuidado merecidos. Negar o problema e deixar de reconhecer o erro é fechar os olhos para uma dificuldade, que aumenta conforme o tempo passa; é viver a ilusão de que, se não olhar para o problema, ele não existe.

Cultivar a humildade é uma das maiores e mais difíceis virtudes humanas, pois implica assumir tudo o que não somos, aceitar nossas limitações, ignorância e medos, e estar disposto a crescer a partir desse entendimento, procurando melhorar como seres humanos.

Saber ser humilde, aceitando ajuda, assumindo para si mesmo e também para os outros que seus negócios patinam é o principal passo para que o saneamento da doença seja efetivo. Que venham médicos dispostos a ajudar. E que você também os ajude, afinal, sua visão e presença são fundamentais no processo. Lembrar que não há vitórias nem derrotas definitivas é um bom alento para entender o momento de crise que está passando e aceitá-la.

Engana-se, porém, quem pensa que ser humilde é viver uma harmonia eterna. Não, caro leitor, apesar de o conceito de humildade atribuir-lhe a reputação de ser silenciosa, ela é raramente alcançada sem que haja, primeiro, um pouco de turbulência. Por isso, não se culpe se os ânimos estão agitados nesse momento de crise, nada mais natural. O caminho é entender o processo, olhar para dentro de si e canalizar a energia para o progresso.

Na busca pelo endireitamento do que vai mal, é preciso haver intensidade. Não podemos caminhar para o progresso sem ter choque, opiniões divergentes e julgamentos conflitantes. O segredo que ensinam os mestres é utilizar essa intensidade e diversidade do pensamento em prol da solução. Para que a intensidade produtiva seja mantida, é necessário ter muita humildade, para evitar que o vigor se transforme em violência.

Sem perder a confiança no que somos nem diminuir a importância daquilo que construímos, a humildade tem a capacidade única de nos levar a um nível adiante. Sem ter a mente aberta, ninguém sequer se pergunta que próximo nível poderia ser esse.

A humildade engole o ego excessivo e canaliza a ambição para o sucesso da "nossa empresa" ao invés do "meu sucesso". O foco é mudado do *eu* para o *nosso*, facilitando o encontro de um bom caminho para os negócios.

É preciso saber ouvir os outros. Aceitar que o controle de sua empresa não está mais apenas em suas mãos e entender que pessoas alheias ao processo, talvez pela neutralidade, podem ajudar com tão boas ou até melhores sugestões de ação.

INÉRCIA

O ser humano tem a tendência de se desarmar na calmaria, ficando distraído, com sensação da falsa segurança. Cometemos muitos erros quando estamos em aparente tranquilidade. Já quando enfrentamos uma situação muito tensa e difícil, vestimos uma armadura e nos pomos preparados, atentos, nervosos. Nessas ocasiões, o medo e a tensão funcionam como um estímulo para pensarmos e agirmos rápido.

Perceber a existência da dificuldade propicia a abertura de janelas de oportunidade, uma chance de interferir nos microfatores que irão determinar o futuro de uma empresa.

No campo dos negócios, a inércia ativa é tida como o comportamento de dirigentes que percebem mudanças no mercado, mas reagem a elas, sem modificar estrutura, hábitos e atitudes. E quando uma empresa está sob forte ação dessa inércia, perde a visão do futuro, uma vez que os processos administrativos ficam enraizados na rotina, com os valores enrijecidos em dogmas, motivando sua paralisia.

Essa é uma tendência natural das organizações, afinal os compromissos tendem a ser padronizados se estão dando certo. Se a empresa continua tendo progresso dentro do padrão de sempre, não há por que – na visão do empreendedor – mudar.

A inércia ativa, no entanto, é uma armadilha, caminho que algumas empresas fatalmente acabam trilhando. Isso porque as ações que surtiram efeito no passado são lembradas de forma positiva, levando o executivo a resgatá-las e continuar agindo do mesmo jeito, porém não necessariamente as circunstâncias são idênticas ou, sequer, análogas.

Depois de administrar diversas crises, percebi que a grande diferença entre um projeto que dá certo e um que dá errado não é somente a coragem para controlar a situação num momento de dificuldade, mas a atenção que se dá aos detalhes. São as pequenas alterações e melhorias acumuladas ao longo do tempo que fazem a diferença. Às vezes, as transformações significam revoluções, sim, mas quase sempre não. Na verdade, o que importa mesmo, ao contrário do tamanho da mudança, são a atitude e a tenacidade com que analisamos as oportunidades e nos abrimos para mudar.

Para Donald Sull,[6] numa obra denominada *O lado bom dos tempos difíceis*, as empresas tornam-se passivas, sua postura deixa de ser reativa e a cultura da organização, enrijecida; os procedimentos são repetidos de maneira automática, sem que se alterem os padrões de conduta. Diz ele:

> Organizações presas na armadilha da inércia ativa assemelham-se a um carro com as rodas traseiras atoladas numa vala. Os gerentes percebem as variações do mercado, pisam no acelerador e forçam o motor de modo cada vez mais frenético para poder sair da vala. No entanto, em vez de se libertarem, atolam-se cada vez mais. Os sulcos que direcionam seu comportamento são os

---

6   *O lado bom dos tempos difíceis*. Rio de Janeiro: Elsevier, 2010. p. 81.

próprios compromissos – agora numerosos, mais pesados e mais fortemente interligados – que calçaram seu sucesso histórico. Quando os compromissos rotineiros deparam com mercados turbulentos, o resultado frequente é a inércia ativa.

O primeiro passo é a disposição para reconhecer que os antigos processos já não mais funcionam e que a mudança é necessária. Talvez, e muito provavelmente, de forma urgente.

As realizações do passado não asseguram, de modo algum, o futuro da organização que deve se reinventar, incorporando o espírito das novas circunstâncias e adaptando-se ao mercado.

Pouco adianta sabermos que a empresa faturou algumas dezenas de milhões no ano passado; ela tem de se ocupar com a venda, a entrega e o faturamento dos seus produtos neste ano, pouco importa a certeza de que os salários e compromissos foram quitados no passado, a sobrevivência da empresa depende do tempo presente, não dos louros de outrora.

O SENTIDO DE URGÊNCIA

capítulo 7

Começo este capítulo com uma frase de Amyr Klink, famoso velejador, que rodou o mundo em um barco: *"Porque um dia é preciso parar de sonhar, tirar os planos das gavetas e, de algum modo, começar".*

Por várias razões, muitas pessoas planejam, planejam, planejam e nada concretizam. As âncoras imaginárias acabam prendendo-as ao chão, e isso faz que seus projetos nunca se realizem.

Num momento de crise – onde tudo parece difuso, líquido e inconclusivo – no voluntarismo, traçam-se planos com a mesma intensidade e rapidez com que sua implementação é objetada interna ou externamente.

O *que* fazer parece claro, a questão é *quando* e *como* fazer.

Não há fórmula mágica: vencer um desafio depende de uma alteração consciente e radical de conduta! O ideal é, sempre que detectarmos um problema, corrermos na direção de resolvê-lo, pois problemas adiados, além de terem tendência a piorar, consomem muita energia e atrapalham a vida.

Enquanto não resolvidas, as pequenas pendências ou os grandes imbróglios ocupam espaço na mente, atormentam o dia a dia e, não raro, acabam criando maiores transtornos.

Recomeçar. Nada mais simples. Essa é a decisão mais importante que alguém que está no meio de um problema pode tomar. O poder da superação está ao alcance de todos e precisa ser regado com boas doses de fé e sabedoria. O recomeço é o novo caminho, e pequenas atitudes e gestos farão toda a diferença nesse trajeto. Poucos percebem que o grande milagre acontece quando as pessoas conseguem dar o primeiro passo no rumo da transformação.

Muitos fatores podem ofuscar em nós a capacidade de agir, mas acredito que o principal deles seja o medo.

Temer é um sentimento muito perigoso, caso não seja trabalhado em nosso favor. Ele tem uma forte tendência a bloquear as iniciativas, a pôr em cheque nosso controle frente aos momentos de crise e a nos tirar o bom senso, justamente quando mais precisamos dele.

Mas, então, será que todos nós teríamos de deixar o medo de lado? Não acho que esse seja o caminho, pois naturalmente não conseguimos afastá-lo completamente de nossas vidas. Contudo, podemos, sim, como opção, controlá-lo e usá-lo a nosso favor. Ter coragem não significa, necessariamente, ser imune ao medo, mas jamais desistir de si mesmo, de seus sonhos, de sua empresa, de seus negócios, por mais que o medo pressione em contrário.

A coragem é o mecanismo emocional que vence o medo, transmitindo força, clareza e determinação para a superação dos obstáculos. Ela nos impele para a luz, e eu não a vejo como a ausência do medo, pois é uma atitude que dele depende para se manifestar. Se não houver algo a ser superado, não existirá impulso de bravura.

Em qualquer projeto pessoal ou até mesmo na reconstrução de uma empresa, cada milímetro de esforço é importante. Nessa vertente, creio que ter uma atitude otimista em relação ao seu esforço valerá à pena, o fará ir adiante. Se não for assim, seu desempenho cai e cria-se uma mola ao contrário, uma válvula de sucção de energia.

Quando uma empresa encontra-se em dificuldade, não há tempo, nem tampouco recursos, para longas digressões em busca do consenso, ou medidas palatáveis para resolver a situação.

Nos experimentos da física, havia a premissa – para a solução de determinados problemas – de que estavam presentes as *condições normais de temperatura e pressão* (CNTP). Numa crise, estamos sempre longe de uma condição de normalidade e, se esperarmos a acomodação de determinados fatores para agir, seremos expectadores da ruína, não protagonistas da recuperação.

Num ambiente de crise, *inexistem condições normais de pressão e temperatura.*

Não há como adiar eternamente o tratamento das questões que desafiam a sobrevivência da empresa.

Se o endividamento bancário está no curto prazo, é necessário alongá-lo; não importa o que pensa o gerente do banco ou até mesmo o seu gerente financeiro zeloso por sua imagem no mercado.

Se os prazos de vendas ou de compras estão estrangulando o caixa, é necessário agir negociando com os clientes ou com os fornecedores; não se pode, com receio de fracassar, deixar de agir.

As iniciativas – quando uma crise está instaurada –, muitas vezes, são postergadas e a situação se deteriora dia a dia, semana a semana, mês a mês e ano a ano.

Adiar a ação pode comprometer a situação de maneira definitiva.

MINHA EMPRESA ESTÁ EM CRISE?

capítulo 8

Se a tecnologia diminuiu as distâncias, é certo, também, que encurtou o tempo e o espaço entre o estouro de uma crise financeira e os reflexos por ela causados no caixa de uma empresa – esteja ela em uma grande metrópole europeia, numa cidade industrial da China ou mesmo localizada no sertão da Bahia.

Hoje, com o elevado nível de informatização, tanto os órgãos de proteção ao crédito quanto bancos, financeiras, autoridades tributárias, fornecedores e lojistas formam uma rede elementar de dados e são capazes de realizar uma leitura apurada da situação da empresa tão bem ou melhor que ela própria.

Portanto, diferentemente daquilo que ocorria num passado não tão remoto, atualmente, é impossível que uma crise financeira fique incubada por meses, ou até anos, sem implicar a ruptura das atividades e a consequente falência da empresa.

As evidências mais claras de que uma crise se instaurou estão no atraso no pagamento de títulos, na chegada de avisos de protesto, na devolução de cheques por falta de fundos e no ajuizamento de cobranças judiciais.

Tais episódios – identificáveis por consultas aos organismos de crédito – evidenciam um desajuste e a dificuldade no giro das operações de uma empresa, ou seja, ela está em crise.

A ausência de tais sintomas, entretanto, não significa que a operação de uma empresa é sadia.

A acumulação de passivos tributários, o aumento explosivo do endividamento bancário e o pré-faturamento são exemplos de práticas que encobrem e ocultam a crise financeira para o mercado, que só irá detectá-la mediante a análise do balanço contábil, no qual se poderá constatar o aumento brutal da despesa financeira ou do endividamento tributário.

Não obstante a identificação ou não da crise pelos agentes externos, é fundamental a conscientização de que a operação não vai bem internamente.

Nesse aspecto, é incompreensível a inércia de muitos empresários quando defrontados com situações flagrantemente atípicas na vida de uma empresa.

Mesmo diante de indícios indiscutíveis de uma crise em sua companhia e com a iminente derrocada em curso, é chocante perceber que existem administradores que se entregam facilmente à primeira dificuldade, acomodando-se à nova situação, e não procuram solucionar o problema. Geralmente, este comportamento é transmitido aos colaboradores.

A instalação de uma crise financeira na empresa poderia ser combatida com simples mecanismos mensais de contabilidade gerencial e orçamentos consolidados. Infelizmente, a maioria das pequenas e médias empresas brasileiras não dispõe desses recursos essenciais.

Ainda que não tenha acesso a tais ferramentas, o empresário pode constatar facilmente que está em crise, diante de situações como: *prejuízos ou tendência de lucros decrescente*; *acumulação de passivos tributários*; *aumento do endividamento bancário ou desconto integral dos recebíveis*; e *atraso sistemático do pagamento a seus fornecedores e funcionários*.

Vejamos, de maneira detida, cada uma dessas hipóteses.

8.1.   Prejuízos ou tendência de queda nos lucros

O grande filósofo Ortega y Gasset já disse que nós somos nós e nossas circunstâncias. A analogia é cabível.

Uma empresa pode ser saudável, mas, por uma questão circunstancial, apresentar prejuízos, e, no sentido reverso, apesar de *ainda* ser lucrativa, uma empresa pode estar rumando para o colapso.

É necessário, dada uma situação concreta, analisar os resultados sob a perspectiva da sua evolução ou involução ao longo do tempo, bem como se há ou não circunstâncias excepcionais (que não se repetirão nos próximos exercícios) que relativizam o resultado.

Tais circunstâncias podem ser tanto positivas (por exemplo, lucro resultante da venda de um ativo que mascara a mediocridade operacional) quanto negativas (por exemplo, prejuízo por alguma variação cambial).

Como regra, prejuízo é prejuízo; portanto, decorre de uma situação anormal, ou seja, de uma crise instaurada, assim como, *a priori*, uma operação lucrativa é saudável. Contudo, a análise da *performance* não pode ser estática; deve levar em conta a evolução dos exercícios e a *tendência* dos resultados.

Assim, mesmo com lucro, porém, vislumbrada a tendência de prejuízo futuro, é preciso uma rápida mudança de direção, ou as consequências podem ser fatais. Afinal, ao deixar de lucrar, a empresa frustra sua principal vocação.

8.2.   Acumulação de passivos tributários

Nestes tempos em que o fisco praticamente se encontra dentro das empresas, com ferramentas ultramodernas, como o Sistema Público de Escrituração Digital (SPED), que engloba a Nota Fiscal Eletrônica (NF-e), o SPED Contábil – Escrituração Contábil Digital (ECD) e o SPED Fiscal, deixar de recolher impostos é o mesmo que praticar suicídio empresarial.

Antes da difusão da informática e da Internet no mundo corporativo – e até mesmo há alguns anos –, quando a pressão da autoridade tributária sobre os empresários era bem menor, a primeira atitude em momentos negativos era a imediata suspensão do pagamento dos tributos.

O baixo custo de financiamento da dívida e a condescendência com o inadimplemento fiscal, além da não descontinuidade das operações de produção, funcionavam a favor dos devedores.

Hoje, este cenário é impensável, já que o fisco possui poderosas armas contra a sonegação, incluindo o cruzamento sistemático de dados fiscais e financeiros não só das empresas, mas também dos seus sócios.

Atualmente, as multas são pesadíssimas e a rolagem desse passivo se tornou proibitiva por conta de juros, multas e honorários. Já a cobrança da dívida é realizada em tempo recorde, por meio do ajuizamento quase imediato de execuções fiscais.

Paralelamente, o fisco faz uso da chamada *penhora on-line*, bloqueando bens como maquinários, móveis e até recursos existentes em bancos, além do arrolamento de bens e outras medidas cautelares fiscais. Se, no Brasil, abrir uma empresa já é caro e demorado, dever para o fisco é o pior dos mundos.

A situação de normalidade pressupõe a capacidade de arcar com os tributos e as contribuições incidentes sobre a operação e a folha, a necessidade de postergar o seu pagamento, renegociá-lo ou simplesmente deixar de recolher e administrar. A dívida constitui inequívoco sinal de que a operação está em crise.

Atualmente, muitos empresários ainda não se deram conta da modernização da máquina fiscal, como se diz popularmente "a ficha ainda não caiu", e eles continuam a levar seus negócios como se dever ao fisco fosse uma situação aceitável, até mesmo natural.

Ao contrário de promover ajustes no sentido de criar capacidade de pagamento das obrigações tributárias, o empresário se acomoda nessa zona de conforto, pois, ainda que essa situação se torne explosiva com o tempo, o fisco não *interage* com ele, ou seja, não telefona cobrando-lhe a dívida, não o constrange pela ausência do cumprimento das obrigações. Apesar de célere, o fisco é uma abstração cuja ação só se faz sentir quando seu patrimônio é penhorado.

8.3. Aumento do endividamento bancário

Tomar dinheiro no mercado bancário para "fechar o caixa" é uma das piores decisões para um empresário se esse processo não for planejado, ou seja, se sua planilha de custos, seu *markup,* não embutir o pagamento dos custos financeiros.

Recorrer ao mercado financeiro – por si – não caracteriza uma situação de crise. Se, entretanto, os recursos captados forem destinados à manutenção do giro com a cobertura dos prejuízos, estamos, sim, diante de uma crise.

Como a oferta de crédito no Brasil é uma das piores e mais caras do mundo, provavelmente ele só terá acesso a linhas de curtíssimo prazo e lastreadas em recebíveis, nada que possa sanear uma operação.

A questão que se impõe não é se a empresa toma ou não recursos no mercado, mas *para que* esses recursos são captados, pois diversas empresas convivem com resultados negativos que são financiados pelo crescente endividamento. Nesse cenário, os recursos são perniciosos em dois aspectos: aumentam o custo da empresa e mascaram a realidade, propiciando a continuidade das operações como se a empresa estivesse numa condição de normalidade.

No último aspecto, o dinheiro novo propicia a continuidade do giro de uma empresa mesmo com desequilíbrios que, do contrário, sem novos recursos, seria obrigada a rever sua operação, pois não conseguiria girá-la.

Uma das características do sistema financeiro brasileiro é que ele praticamente não opera sem garantias, sejam elas de recebíveis (cartões de crédito, duplicatas, cheques pré-datados etc.) ou garantias reais, tais como hipotecas, alienação fiduciária de equipamentos, veículos ou imóveis.

Assim, olha-se muito a garantia na concessão do crédito e negligencia-se, muitas vezes, a *capacidade de pagamento* da empresa. Em muitos casos, portanto, financia-se o prejuízo e, quando esse movimento se tornar insustentável, a empresa perderá ativos e, aí, sim, será forçada a proceder ao ajuste de suas operações.

O endividamento saudável é aquele destinado aos investimentos produtivos, normalmente de longo prazo; fora disso, quando há necessidade de reforço do capital de giro, o empresário deve olhar com atenção para sua operação.

Temos, portanto, que o comprometimento demasiado do faturamento corrente deve ser evitado, na medida em que qualquer inadimplência, devolução ou abatimento transtorna e compromete significativamente a administração do fluxo de caixa.

Há situações ainda mais graves que evidenciam um grau de desequilíbrio muito maior, pois, em que pesem a modernidade e a profissionalização dos sistemas de checagem e conferência dos bancos e *factorings*, há várias formas de burlá-los.

Uma parcela significativa de empresários deixa a razão de lado e entra em desespero, sendo levada a faturar mercadorias que serão entregues posteriormente. Ou, ainda, indicar vendas inexistentes para o desconto de recebíveis.

Um alerta: empresas que negociam seu faturamento futuro ficam propensas a ter problemas sérios, já que tal conduta pode, em tese, ser tipificada como crime, do qual decorrem graves e irreversíveis consequências.

Na hipótese de *pré-faturamento* ou da *duplicata simulada*, verifica-se, sempre, um expressivo aumento do endividamento e gera-se uma bola de neve. Com o transcorrer do tempo, ela cresce por conta dos encargos capitalizados pela dívida principal, inflando o passivo e potencializando as dificuldades. É um caminho sem volta.

8.4. Atraso no pagamento de fornecedores

Não bastassem a suspensão do recolhimento de tributos e o crescente endividamento bancário, o atraso e a interrupção do pagamento aos fornecedores de matéria-prima e serviços podem ser considerados atitudes extremas, com reflexos nefastos para a empresa.

Toda empresa industrial – salvo os negócios artesanais – visa produzir seus produtos em série, e os volumes determinam o seu ganho de escala.

O atraso no pagamento dos fornecedores quase sempre implica a irregularidade no fornecimento de matéria-prima, o que compromete a continuidade da produção e enseja a elevação dos custos. Quando há matéria-prima, todos os funcionários são chamados a fazer horas extras para o cumprimento dos prazos, enquanto parte da jornada de trabalho é desperdiçada pela ausência de insumos.

Além de suportar as consequências da irregularidade de abastecimento, o atraso é algo que sempre enseja a precificação do risco, pois, se o fornecedor habitualmente recebe em atraso ou em cartório, embutirá o prazo adicional e no seu custo financeiro, além de ampliar sua margem para se precaver da inadimplência.

A intenção do fornecedor de minimizar eventuais prejuízos acaba encarecendo o custo dos produtos e diminuindo a margem da empresa, num círculo vicioso que tem de ser interrompido.

8.5. Atraso no pagamento de funcionários

Junte-se a toda a situação negativa relatada anteriormente o atraso ou mesmo a falta de pagamento aos funcionários. Como sabemos, colaboradores desestimulados são o pesadelo de qualquer empresa, pois o desinteresse pelo serviço pode causar diversos estragos, da simples impontualidade até boicotes à operação ou à publicidade dessa situação, especialmente aos clientes.

Além disso, as empresas têm ainda de lidar com a possibilidade de demandas da Justiça do Trabalho, provocadas pela rescisão indireta do contrato de trabalho que, invariavelmente, são favoráveis aos trabalhadores, gerando não só a obrigação pelo pagamento do montante devido, como também pesadas multas.

Você já esteve em contato com uma empresa que experimentou *alguma* dessas situações, qualquer uma delas?

Se a resposta é sim, certamente esteve diante de uma empresa em crise. Pode-se tratar esta situação melhor ou pior, porém, como a crise já está instalada, a empresa necessita de urgente tratamento, com metodologia específica.

A aplicação das medidas corretivas deve ser rápida, devendo ter como alvo inicial de combate a inércia do empresário, muitas vezes decorrente do absoluto desconhecimento das formas para enfrentar a crise.

Tal como um viciado deve admitir seu vício para iniciar seu tratamento, o empresário inerte deve aceitar o fato de que a crise está instaurada na empresa. É o primeiro passo rumo à recuperação.

ORIGEM DA CRISE

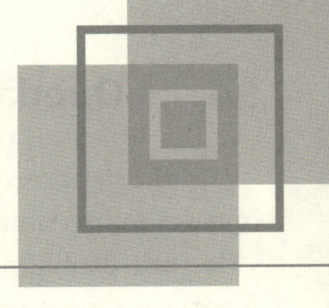

A crise financeira é uma espécie de criatura multifacetada. Suas características, muitas vezes, transcendem o plausível e demonstram como decisões equivocadas, aliadas ao mau gerenciamento e a aspectos externos, podem afundar um negócio.

Já ficou evidenciado em pesquisas e levantamentos realizados desde sempre que uma parcela considerável dos empresários brasileiros tem parcos conhecimentos sobre gestão e que dificilmente consegue tocar seu empreendimento sem incidentes.

Normalmente, a crise financeira de uma empresa deriva, dentre outras causas: *da queda dos resultados operacionais*; *de investimentos que não deram o retorno esperado dentro do tempo planejado*; *da obsolescência de equipamentos e/ou processos*; *de situações extraordinárias e fortuitas, como desfalques, desastres naturais, abruptas mudanças econômicas*; e, finalmente, *de contenciosos societários*.

Vamos estudar, de maneira detida, cada uma das causas mais normais de uma crise empresarial.

9.1. Queda nos resultados

Embora pareça tão óbvio, o relato da diminuição dos resultados operacionais como causa do aparecimento de uma crise é, sem dúvida, um problema mais complexo do que parece. Ele decorre de diversos aspectos, como falta de disciplina empresarial, ausência de coragem para implementar medidas corretivas e inexistência de acompanhamento constante da operação.

Em geral, a crise engole a empresa porque os empreendedores têm muita dificuldade em reconhecer as tendências do mercado e do seu próprio negócio. Quando os problemas são identificados, eles resistem bastante em agir. Titubeiam na tomada de decisões, e sabemos que os líderes de verdade não podem ser dirigidos pela hesitação.

Ora, também é sabido que a maioria das companhias não conta com um acompanhamento eficaz de resultados. Elas operam, por assim dizer, no escuro. Sem essa bússola para direcioná-lo, o empresário se torna praticamente um refém das situações adversas, cotidianamente andando no fio da navalha.

De nada adianta, no encerramento do balanço fiscal, apurar-se de que houve prejuízo, pois não haverá tempo para revertê-lo. O acompanhamento dos resultados deve ser mensal e, na pior das hipóteses, bimestral, a fim de identificar as razões do comprometimento do resultado e atuar na sua correção.

9.2. Investimentos sem o retorno planejado

Outro fator que enseja a dificuldade financeira está nos constantes erros cometidos na hora de investir, seja para a ampliação da capacidade produtiva ou na aquisição de sede própria. A imobilização de recursos sem o devido planejamento sobre o seu retorno futuro pode comprometer a saúde financeira de qualquer empreendimento.

A imobilização de recursos – pelas médias e pequenas empresas – se faz usualmente pelo reinvestimento de seus lucros no próprio negócio, dada a dificuldade de acesso a linhas de crédito mais vantajosas.

Sucede, entretanto, que se o planejamento inicial não for escrupulosamente obedecido, é inexorável que o capital de giro da empresa acabe financiando o "investimento".

Para alguns empresários, essa situação é até desejável, pois, na sua boa-fé e ingenuidade, é melhor que a empresa utilize todos os seus recursos para que ela não fique "endividada".

Em grande parte dos casos nos quais o capital de giro é convocado para quitar as dívidas decorrentes dos investimentos, as empresas estrangulam o seu caixa e tornam-se ávidas tomadoras de recursos, às vezes a qualquer preço, pois as multas e os prejuízos decorrentes da interrupção dos cronogramas são muito pesados.

Nessas ocasiões, a empresa nem consegue concluir os cronogramas de investimento que possibilitariam ganhos na sua operação corrente, nem tem mais a solidez financeira de outrora. Não raramente, o resultado desses investimentos mal planejados é a quebra.

9.3. Obsolescência

Processos produtivos ultrapassados e equipamentos sucateados também são fatores que comprometem a operação e a lucratividade, e, portanto, podem dar causa ao aparecimento de uma crise. Com as rápidas transformações tecnológicas e seus impactos diretos nas relações de consumo, é impossível para uma empresa fabricar um produto ou prestar um serviço hoje da mesma maneira como o fazia anos atrás. É inconcebível.

Acompanhei um dos meus clientes numa visita à empresa de *call center* que estava oferecendo seus serviços e, quando ali chegamos, deparamo-nos com operadores de *telemarketing* discando pessoalmente o telefone de cada um dos contatos, o que, atualmente, é impensável numa operação de grande escala. O orçamento – como não poderia deixar de ser – era proibitivo e não fechamos negócio.

Para citar outro exemplo, as empresas de autopeças que demandam soldagem de componentes metálicos e não possuem robôs certamente não são mais competitivas e deixaram de fornecer para as montadoras; assim, foram marginalizadas, atendendo somente o mercado de reposição.

Ano a ano, os meios de produção sofrem aperfeiçoamentos tecnológicos imensos, e quem não estiver atualizado tende a ficar menos competitivo e comprometer sua operação.

As tecnologias são desenvolvidas e disponibilizadas com incrível velocidade.

9.4. Situações extraordinárias e fortuitas

Salvo as grandes corporações que mantêm seguros específicos, ninguém se prepara para um desvio ou para um desfalque. As empresas, dentro de suas possibilidades, procuram evitar tais ocorrências, porém, vi casos em que a corrupção de colaboradores levou à ruína algumas empresas.

Há, também, exemplos de empresas que não conseguiram suportar o impacto de enormes prejuízos em seu parque fabril decorrentes de acidentes naturais.

9.5. Disputas societárias

Uma sociedade não demanda, necessariamente, uma constituição formal. Havendo duas ou mais pessoas com convergência de esforços e objetivos comuns, o direito entende que há uma sociedade, ainda que não constituída formalmente.

Para o direito, uma sociedade se caracteriza pelo *affectio societatis,* que é nada mais que o desejo recíproco dos participantes em alcançar determinadas metas.

Não é necessário refletir muito para chegarmos à conclusão de que não há sentido em manter-se o convívio na qualidade de sócio com quem não comunga dos mesmos objetivos e ideais, ou seja, quando não há mais o *affectio societatis.*

Ocorre que, quando as empresas crescem e formam patrimônio, por mais que seja evidente um eventual desalinhamento entre os sócios, as questões relativas à apuração do valor patrimonial da empresa, especialmente do seu aspecto incorpóreo, dificultam a separação.

Na maioria dos casos, o desconforto está instalado; porém, um sócio deseja desalojar o outro da sociedade. Quando há lucro, ninguém quer sair; deseja-se, sempre, que o outro saia.

Quando ocorrem impasses dessa natureza, a administração da empresa acaba, necessariamente, sendo afetada e, com o passar do tempo, se o conflito não se resolve, o impacto nos resultados é inevitável.

Por mais racional e necessária que seja uma medida, ela não é posta em prática simplesmente por ter sido sugerida por determinado sócio ou pessoa de sua confiança e é antagonizada pelos demais participantes da sociedade.

A empresa termina sendo engessada pela desinteligência de seus controladores.

Quando os sócios são, também, parentes, o nível de beligerância normalmente é potencializado, pois a empresa passa a ser o foro para um "acerto de contas", em que antigas rejeições, ódios disfarçados e toda sorte de mesquinharias vêm à tona.

Não há empresa pior para reestruturar que aquela em que há desarmonia entre os controladores e, se não há uma intervenção externa que paire acima da irracionalidade, o negócio certamente irá malograr.

Empresas nessa situação normalmente – por não conseguirem mediar o conflito entre os sócios – recorrem à ajuda externa, e normalmente o consultor de plantão acaba se aliando (ou sendo cooptado se for mais bobinho) por uma das correntes; é o que basta para selar a quebra do empreendimento.

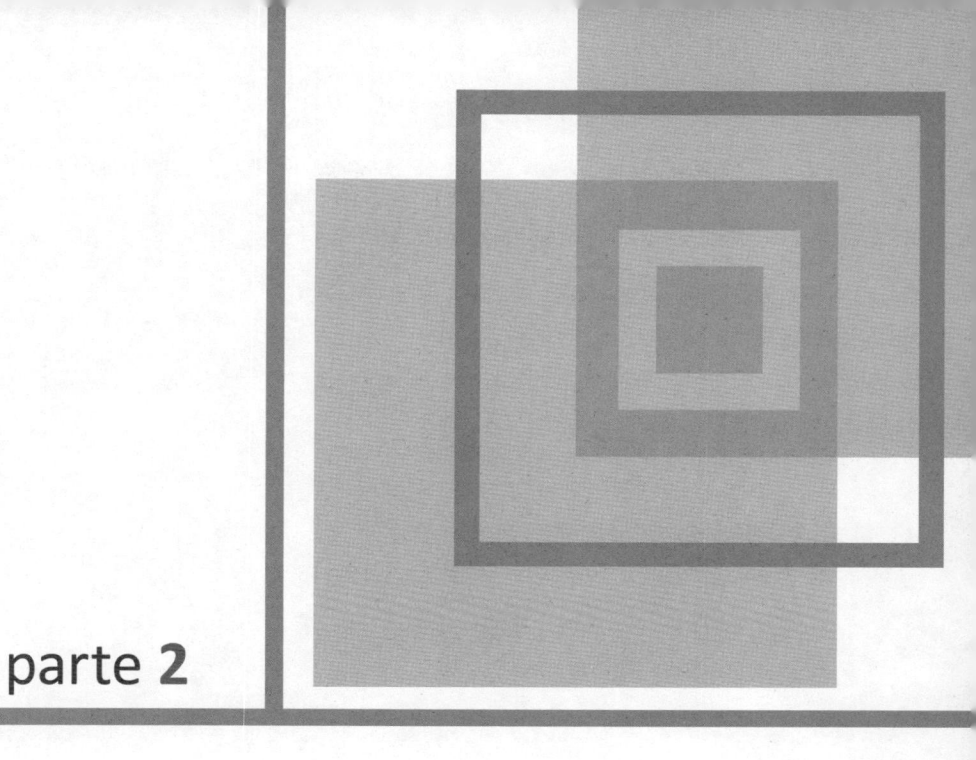

parte **2**

GESTÃO DE CRISE

COMO SALVAR O NEGÓCIO

capítulo **10**

Manter um negócio funcionando e prosperando ainda é um enorme desafio. De acordo com o Serviço Brasileiro de Apoio à Micro e Pequena Empresa (SEBRAE),[7] embora as estatísticas de mortalidade empresarial estejam melhorando, pois, de 1998 a 2007, as taxas de mortalidade caíram em todos os perfis de comparação, não há muito a comemorar: no primeiro ano, de 35% para 27%; no segundo, de 46% para 38%; no terceiro ano de atividade, de 56% para 46%; no quarto ano, de 63% para 50%; e no quinto ano de atividade, de 71% para 62%.

Em suma, segundo as estatísticas mais atualizadas, de cada 100 empresas abertas, apenas 73 delas estarão abertas no primeiro ano e, ao final do quinto ano, somente 38 continuarão em atividade. Trata-se de um índice de mortalidade elevadíssimo.

---

[7] Disponível em: <www.sebraesp.com.br/tenhoumaempresa/biblioteca/outros conteudos/estudosepesquisas/mortalidadedasempresas/Paginas/Mortali dadeDasEmpresas.aspx#bottom>.

Ao contrário do que se pensa por aí, levar um negócio adiante é tarefa das mais difíceis e requer muita habilidade, não só técnica, mas também uma boa dose de equilíbrio emocional e paixão pelo que se faz.

Muito embora a situação esteja melhorando, as estatísticas ainda são duras e os números mostram um cenário difícil para o empresário brasileiro.

Fugir de situações de crise é uma característica nossa. De uma forma ou de outra, encontramos maneiras de nos salvar frente a um desconforto. É o nosso instinto de sobrevivência que fala tão alto em alguns momentos.

Com as empresas, o comportamento é o mesmo. De uma forma bem simples, sabemos o que temos de fazer: reduzir despesas e aumentar receitas. Mas, então, por que tantas firmas quebram? Porque o problema não é o *que* deve ser feito, mas *como* fazê-lo.

As fórmulas simplistas num cenário conturbado não têm a menor chance de êxito. É necessária uma estratégia bem mais refinada que vá aumentar, de maneira sustentada, o faturamento e diminuir custos sem deprimir qualidade.

Nada é fácil, toda reestruturação demanda muito trabalho e energia.

Para sair da crise, é preciso gerar lucro em quantidade suficiente para amortizar o passivo da operação.

Como não há mágica nesse processo de *turnaround,* é imperativo que o endividamento de curto, curtíssimo e médio prazos seja renegociado pois, do contrário, a operacionalidade fica comprometida e a empresa não decola.

Normalmente, a crise traz um cenário de confusão, já que, uma vez instaurada, abala as estruturas internas da empresa. Há um descuido com determinados controles, a interlocução fica prejudicada, cada departamento quer ter o protagonismo das soluções; enfim, o ambiente torna-se tumultuado, debilitando a organização. O resultado dessa fragilidade é a dispersão de esforços e a inversão das prioridades.

Dessa forma, o foco de todas as atenções para conseguir sucesso em um processo de reestruturação é a convergência na adoção de medidas multidisciplinares e coordenadas, com o propósito de ampliar os resultados e aliviar o caixa, evitando o seu estrangulamento.

Para que o trabalho tenha êxito, não basta apenas alongar a dívida. Se o negócio gera resultado negativo, o débito nunca poderá ser pago. Igualmente, não adianta recompor a margem se não houver matéria-prima para seu giro, porque os credores desejam receber imediatamente o que é devido.

É inócuo lançar novos produtos, se há gargalos de produção, e, por fim, é um tiro no pé buscar volumes maiores de venda, se não existe uma gestão adequada de suprimentos. Ou seja, a reestruturação de uma empresa demanda ações diversificadas e concomitantes. Toda reestruturação, para ser bem-sucedida, deve ser concebida como um processo multidisciplinar que abrange o conhecimento e a atuação de diversos especialistas externos ou de todos os departamentos da companhia.

Além de envolver todas as áreas, é preciso que as ações sejam coordenadas, num verdadeiro trabalho de equipe, pois uma ação repercute na outra e, se não houver harmonia, não se alcançará resultado algum.

Cada medida é como o dente de uma engrenagem que deve se imbricar no outro para que a máquina possa funcionar.

Momentos de crise exigem a revisão de procedimentos da empresa como um todo! O negócio tem de ser desenhado sobre outras bases, nas quais o foco deve ser a obtenção ou a ampliação do lucro operacional e o desafogo do caixa. Ou melhor, não é necessário apenas ter lucro, é preciso que ele seja suficiente para dissolver o passivo. Para isso, planejamento é o caminho.

Pela minha experiência como consultor, afirmo que o processo de melhoria de uma empresa é uma viagem que só tem começo e nunca um fim. Isso porque é sempre possível aperfeiçoar a operação, tornando-a melhor e mais lucrativa.

COMO ENFRENTAR A CRISE?

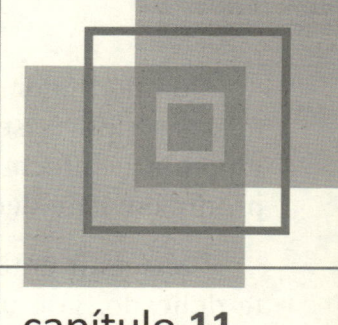

capítulo 11

Se você, caro leitor, fosse convocado para lutar numa guerra, sairia de suas trincheiras, sem qualquer armamento, dirigindo-se ao oponente para persuadi-lo a compartilhar da sua visão da situação e depor as armas?

Óbvio que não.

Guardadas as devidas proporções, o manejo de uma crise não deixa de se assemelhar a um combate, e a arma de quem deseja reverter a situação é um diagnóstico preciso da realidade atual e um planejamento coordenado e consequente, no qual o seu interlocutor possa ver vantagem em aliar-se.

Eu, que já passei por uma crise financeira como proprietário de empresa e pilotei diversos projetos de reestruturação na qualidade de consultor, posso afirmar com muito conhecimento de causa que o cotidiano do ambiente de trabalho vira um verdadeiro inferno e, sem um plano de trabalho, ainda que venha a ser adaptado ao longo do tempo, é impossível atuar.

Quanto maior a crise, maior é o descontrole das estruturas internas e, por consequência, o sofrimento dos funcionários. Sem autonomia e informação, eles acabam ficando desmotivados e não produzem com dedicação. Instaura-se, portanto, o caos!

Conseguir entender a crise, como um momento emocionalmente delicado, já é um bom começo para driblar os buracos negros entre você e seu colaborador.

No processo de implementação de um plano de reestruturação, é fundamental reconstruir, sob novas bases, o elo de confiança entre a empresa e seus funcionários.

Já para quem está fora da empresa, porém, nela possui interesses, a crise também gera receio, ansiedade e, em alguns casos, até mesmo perplexidade.

O retorno do que é devido – para alguns – é só o que importa, e se o resultado disso fere de morte o devedor, pouco importa.

Em resumo, a crise é sinônimo de insegurança, incerteza e ansiedade. Sua superação depende, em grande medida, da reconquista da confiança e da credibilidade perante as pessoas que estão dentro da empresa (funcionários e gestores) e daquelas que estão fora (fornecedores, bancos, *factorings* etc.).

Afinal, façamos sempre o exercício de lembrar que seus interlocutores externos, embora representem uma empresa, são pessoas que têm seus próprios sentimentos, expectativas e fraquezas.

Mas, então, como fazer para conquistar novamente a confiança e a credibilidade?

Pessoas, para se sentirem seguras, precisam ser acolhidas nas suas expectativas ou, no mínimo, terem consciência daquilo que está sendo feito para equacionar a situação.

É preciso dar uma satisfação a todos esses públicos.

Para que os funcionários, os fornecedores e os parceiros financeiros possam voltar a confiar na empresa, é necessário que seja traçado um plano, uma diretriz, com o objetivo de sanar os problemas para que suas demandas, ainda que futuramente, possam ser atendidas.

Esse planejamento é feito com base na comunicação: dialogar com esses públicos os fará entender que, muitas vezes, precisamos sacrificar nossos interesses imediatos, para que recebamos o que nos é devido. E – por que não? – ganhar ainda mais futuramente.

De modo prático, todo processo de reestruturação implica, necessariamente, a elaboração formal de um plano, que tenha descrito o histórico da crise, o diagnóstico da empresa e as soluções. Só após a conclusão dessa etapa, é que se pode iniciar um trabalho para superar a crise. Qualquer ato afobado antes disso não terá sucesso.

Ressalte-se que é necessário que esse trabalho inicial seja elaborado brevemente; eis que a empresa não pode ficar à deriva, sem programar as medidas corretivas de maneira célere. Quando a crise se instaura, não dispomos de meses para entendê-la, temos de agir de maneira rápida e assertiva para o levantamento das informações, a elaboração do diagnóstico e a concepção do plano.

A primeira ação, e de fundamental importância, é debruçar-se sobre o histórico da crise. Conforme formos descobrindo como, por que e quando a dificuldade se instaurou, as opções para acabar com ela e trazer a empresa a um patamar normal vão se delineando.

Tão importante quanto conhecer a origem do problema é diagnosticá-lo, observando a atividade empresarial como um imenso mosaico. O diagnóstico serve, inclusive, para avaliar a viabilidade do negócio. Sim, pois, afinal, há situações em que a empresa pode não ser mais plausível.

Finalmente, com base na análise do histórico da empresa e da crise é que poderemos conceber e programar as soluções práticas que darão cabo desta.

De todo modo, devemos registrar que o diagnóstico formal da situação atual e o plano para a sua modificação são as únicas armas de quem pretende superar a dificuldade.

HISTÓRICO

capítulo **12**

Sem entender a dificuldade, não será possível superá-la, e, para tal, temos de voltar no tempo investigando suas causas.

Assim, buscar o histórico da crise, remontar os fatos e compor o quebra-cabeça da origem do problema são passos fundamentais para solucioná-la.

Muitas vezes, achamos não ser necessário mapear o histórico, por julgarmos conhecer suficientemente a crise e suas causas, mas quando relembramos os fatos apoiados no tempo, na cronologia, a tendência é vermos mais detalhes e atentarmos para aspectos talvez periféricos, porém, importantes da situação.

Nosso olhar, quase sempre, é treinado para se deter nas grandes questões, nos maiores obstáculos. E, não raramente, as minúcias são tão importantes quanto. Por isso, afirmo que ninguém tropeça em uma montanha, mas na pequena pedra.

Remontar o início das dificuldades e seu histórico, além de propiciar objetividade ao processo, constitui-se, também, num aprendizado, na medida em que, ao transpor os fatos para o papel, estamos criando uma *história*.

Durante toda a nossa vida, fomos influenciados e inspirados por histórias. Elas têm um papel didático, aprendemos com elas; educadores, psicólogos e humanistas, em geral, são unânimes em atestar o valor pedagógico das narrativas, desde os contos de fadas que lemos quando criança, até as biografias, que devoramos num processo antropofágico de desejar *ser* como o biografado.

Ao olhar para trás e registrar formalmente os acontecimentos, temos a oportunidade de rememorá-los com outro olhar, sem o calor do momento; normalmente, experimentando os reflexos positivos ou negativos de determinadas decisões tomadas anteriormente.

Uma visão crítica, um balanço de equívocos e acertos, é fundamental para preparar o solo para as sementes que serão plantadas; o momento de aflição é fundamental para repensarmos tudo, a exemplo do que fazemos em nossas vidas.

Quantas vezes o falecimento ou um problema de saúde de um ente querido, uma separação ou a perda de uma grande amizade nos levam a uma reflexão crítica e, não raramente, a uma mudança e a um aperfeiçoamento pessoal?

Na atividade empresarial – como na vida pessoal –, estamos expostos a grandes transformações, e podemos aprender – e muito – com os erros do passado.

Nesse ponto, vale dizer que, quando precisamos da máxima energia para consertar uma situação, é necessário que nos livremos do sentimento de *culpa* por quaisquer eventos passados; temos responsabilidade, não *culpa*, que, na psicanálise, é um sentimento com viés depressivo.

Há, também, outro ganho: quando explicamos aos nossos interlocutores – bancos, *factorings*, fornecedores ou funcionários – os motivos que levaram a empresa a essa dificuldade, pretendemos recuperar a sua confiança.

DECOMPONDO A OPERAÇÃO

capítulo 13

Quem não mede não gerencia,
quem não gerencia não melhora.
Joseph Juran

Depois de conhecer a origem da crise recompondo, o quanto possível, o seu histórico, é hora de fazer outro tipo de investigação: quais são as condições reais e objetivas para saná-la? É possível salvar a empresa? Qual é a raiz do problema?

Da mesma forma que se faz com um doente que, para receber a medicação correta, precisa ter sua doença diagnosticada, a empresa deve ter suas mazelas expostas, para que sejam corrigidas.

Na ânsia de ver os problemas resolvidos, muitos saem vendendo propriedades, desfazendo-se de bens para capitalizar a empresa e, num momento futuro, as mesmas dificuldades se apresentam; isso se dá porque o sintoma foi tratado (estrangulamento do caixa), mas a causa não (prejuízo operacional).

De nada adianta pretender recuperar uma operação se não forem atacadas, com vigor, as causas da dificuldade; e, assim, além de traçar o histórico da operação, é necessário conhecê-la detalhadamente, em minúcias.

Para superar a dificuldade, é preciso conhecer profundamente a empresa. Entendê-la, olhá-la de frente, analisar as minúcias, rever seu funcionamento, entender o processo. Só assim será possível modificá-la nos pontos necessários para seu amplo desenvolvimento.

Na qualidade de consultor e baseado na minha experiência com as diversas empresas que já ajudei a superar crises, percebo a dificuldade do empresário em esmiuçar a operação, travando contato com as suas ineficiências.

Normalmente, o empenho e o trabalho exigidos para manter as operações, pagar fornecedores e funcionários, enfim, segurar a empresa funcionando não o deixam perceber quais são os ralos pelos quais o lucro se esvai.

Somado a isso, temos de considerar o fator emocional.

Além de todo o trabalho concreto, há que se levar em conta as condições emocionais do empresário, que trabalha, trabalha e vê seus esforços resultarem em nada.

O que parece óbvio para quem está fora da operação nem sempre é enxergado por quem está no meio da rotina, envolvido no processo e vivendo todo o seu contexto. Portanto, somente depois de parar, olhar e investigar será possível constatar objetivamente de que forma se dará a ação.

E, então, o que deve ser feito?

Diversos levantamentos são necessários para entender o estado atual da companhia e que tipo de reforma será necessário.

Aqui, as variações são diversas, já que cada empresa tem suas peculiaridades e precisará de análises específicas. No entanto, há aspectos gerais que deverão ser examinados em quase todos os segmentos de atividade.

É difícil e até um tanto exaustivo levantar todas as facetas da operação que passam desde os dados de instalação física da empresa, até a forma segundo a qual ela produz seus itens; desde a gestão comercial, até a política de suprimentos. Quanto melhor e mais abrangente for esse diagnóstico, maiores serão as chances de sucesso.

Além disso, é necessário investigar a extensão dos passivos da empresa com fornecedores e prestadores de serviço, tributários e financeiros, com bancos, *factorings* e particulares. Conhecer também o *status* do endividamento é vital, ou seja, averiguar se o débito está vencido e ajuizado e, nesse caso, se o deslinde da demanda é iminente.

Todos esses elementos, tanto os operacionais quanto os relativos ao passivo, são imprescindíveis ao desenvolvimento do plano de reestruturação.

COLETA DE DADOS

Para iniciar qualquer trabalho de recuperação, precisamos analisar alguns elementos operacionais básicos. Na nova empresa de consultoria que fundei, por exemplo, agrupei – em nossos diagnósticos – os itens a serem analisados em oito grandes famílias.

São elas: dados cadastrais; análise de mercado e aspectos comerciais; processo produtivo; política de recursos humanos; política de estoques, suprimentos e logística; aspectos econômicos e financeiros da operação; endividamento; e contingências e restrições cadastrais.

Essa divisão permite um entendimento da situação baseado numa sequência lógica na medida em que passamos a entender o que é a empresa, qual é o seu mercado, como ela opera e quais as consequências desse modelo de operação tanto para o ambiente externo (fornecedores, bancos, *factorings*, FIDICs e clientes) quanto para os colaboradores.

Tais elementos servirão, no futuro, para a elaboração dos fluxos de caixa atual e planejados, bem como de todas as estratégias a serem postas em curso.

A seguir, nos próximos capítulos, veremos, em detalhes, o agrupamento dessas informações e como o seu encadeamento lógico permite uma boa compreensão da situação da empresa.

DADOS CADASTRAIS

Para formarmos um dossiê com todos os dados da empresa, nada mais funcional que começarmos catalogando as informações básicas da organização.

Os itens obrigatórios e de referência, que podem ser compartilhados com um ou muitos interlocutores, são: *razão social completa, inscrição no CNPJ e inscrição estadual, endereço da sede e das filiais, telefone, fax, site, e-mails, ramo de atividade, data de fundação, capital atual.*

É importante, igualmente, oferecer uma visão clara da hierarquia de comando relacionando diretores, gerentes, chefes, líderes de turno e, se possível, até mesmo o organograma inteiro da empresa, já visando à sua provável racionalização.

Merecem ser descritos, igualmente, o parque industrial e as instalações da empresa, com fartura de detalhes, se possível.

Convém, ainda, analisar a política de marcas patentes e certificações, a fim de avaliar se não há algo que possa descontinuar a operação.

Por exemplo: em uma indústria de alimentos ou farmacêutica, é fundamental o alvará de funcionamento da vigilância sanitária; sem tal autorização, o estabelecimento não operará; trata-se de algo básico, um prerrequisito.

No mesmo sentido, se a empresa atua em um mercado extremamente concorrido e suas marcas, patentes ou modelos de utilidade estão prestes a vencer, há trâmites a realizar nestes campos, juntamente com a reestruturação. Sem esses procedimentos, os concorrentes ou algum oportunista poderão criar sérios embaraços à própria continuidade da operação.

ANÁLISE DE MERCADO E ASPECTOS COMERCIAIS

Concluídos os dados que permitem identificar onde a empresa está localizada, por quem ela é administrada e sua regularidade perante as fazendas estadual, federal e municipal, e com as autoridades fiscalizatórias (vigilância sanitária, CRM, MEC etc.); faz-se necessário entender o seu mercado de atuação e sua inserção nele.

Vejamos como isso se dá.

16.1. Leitura de mercado

Após a apresentação da empresa, propiciada pela compilação dos seus dados cadastrais, tenho por prática entender o mercado em que ela atua, o posicionamento assumido e os aspectos que marcam o seu desempenho.

Para compreender a extensão do mercado – até mesmo em se tratando de quem já atue nele há muito tempo –, convém recorrer a órgãos de classe e instituições governamentais (IBGE, EMBRAPA, Ministério da Agricultura etc.).

Outras fontes de informação confiáveis são os estudos setoriais promovidos por periódicos como o jornal *Valor Econômico* e as revistas *Exame* e *Exame PME*, que costumo utilizar nos meus diagnósticos.

Além de entender o tamanho do mercado em que a empresa atua, convém analisar a sua participação nele e também de seus principais concorrentes.

Feito isso, é hora de analisar seus principais clientes e produtos.

16.2. Principais clientes

A curva ABC – que é um método de classificação de informações que cataloga os itens de maior para menor importância – também se aplica à análise da base de clientes.

O mapeamento adequado da participação de cada cliente no faturamento constitui uma ferramenta fundamental para o entendimento do risco de uma operação e o estabelecimento de uma política comercial.

Há situações em que a empresa e seus clientes se encontram em posições antagônicas, como no caso de um necessário reajuste de preços. Se a descontinuidade do fornecimento se demonstra inevitável, é fundamental prever o cenário futuro, planejando as medidas necessárias para se programar nessa situação, quer buscando a substituição do cliente, quer reduzindo a própria estrutura.

Tudo isso só pode ser feito se conhecermos, por intermédio da curva ABC, a importância de cada um dos clientes.

Vejamos um exemplo claro disto:

Principais clientes					
Relatório de Faturamento por Cliente Período: Janeiro/2009 a Dezembro/2010 – 01/01/2009 a 31/12/2010 – 24 Meses – Dia/Mês					
Ranking	Cliente	Valor R$	Valor Acumulado	Repres. %	
				Cliente	Total
1	GMB-SCS/Ros	18.623.210,67	18.623.210,67	13,1%	13,1%
2	XXXXXXXXXX	10.890.656,71	29.513.867,38	7,6%	20,7%
3	Volks-TBT	8.800.070,23	38.313.937,61	6,2%	26,9%
4	Scania	7.628.540,44	45.942.478,05	5,4%	32,3%
5	Valeo	6.754.403,69	52.696.881,74	4,7%	37,0%
6	Volks-SBC	6.712.122,19	59.409.003,93	4,7%	41,7%
7	MBB	6.703.743,82	66.112.747,75	4,7%	46,4%
8	GMB-Gravatai	5.830.558,70	71.943.306,45	4,1%	50,5%
9	AVM	5.252.764,44	77.196.070,89	3,7%	54,2%
10	Tectubos	5.170.010,79	82.366.081,68	3,6%	57,8%
11	Fiat	4.808.378,05	87.174.459,73	3,4%	61,2%
12	Ford-SBC	4.500.620,57	91.675.080,30	3,2%	64,4%
13	Delphi-Pira1	4.272.320,15	95.947.400,45	3,0%	67,4%
14	Volks-RJ	3.936.049,99	99.883.450,44	2,8%	70,1%
15	XXXXXXXXXX	3.234.769,87	103.118.220,31	2,3%	72,4%
16	GMB-SJC	3.189.208,62	106.307.428,93	2,2%	74,6%
17	IPA-WALB	2.758.772,27	109.066.201,20	1,9%	76,6%
18	Dayco	2.547.632,58	111.613.833,78	1,8%	78,4%
19	XXXXXXXXXX	2.348.338,58	113.962.172,36	1,6%	80,0%
20	Valtra	2.118.559,97	116.080.732,33	1,5%	81,5%
21	Yamaha	2.006.835,14	118.087.567,47	1,4%	82,9%
22	Volks-CTB	1.851.027,88	119.938.595,35	1,3%	84,2%
23	Cummins	1.760.143,77	121.698.739,12	1,2%	85,4%
24	XXXXXXXXXX	1.740.102,31	123.438.841,43	1,2%	86,7%
25	MAXIMOTOR	1.382.721,56	124.821.562,99	1,0%	87,6%
26	Visteon	1.268.167,19	126.089.730,18	0,9%	88,5%
27	Volvo-Prod	1.019.262,94	127.108.993,12	0,7%	89,2%
28	XXXXXXXXXX	992.752,43	128.101.745,55	0,7%	89,9%
361	Outros – Diversos	14.342.761,23	142.444.506,78	10,1%	100,0%
389	**Total**	**142.444.506,78**		**100,0%**	

Vê-se, nesse caso, que não há dependência extrema de qualquer dos clientes, os quais, muito embora sejam representativos, não chegam a ameaçar a perpetuidade da operação (o maior deles responde por menos de 15% do faturamento).

Deve-se buscar sempre, para maior estabilidade das operações, a pulverização da clientela, pois a concentração do faturamento em um baixo número de clientes é por demais arriscada.

O inverso, muitas vezes, também acarreta dificuldades, pois a dispersão exagerada da carteira traz imensos custos logísticos e até mesmo de atendimento comercial.

É desejável, em casos de clientela difusa, que a empresa, ao formular sua política comercial, incorpore o conceito de *canal de distribuição*. O que é isso?

Todas as companhias possuem, na sua operação, um custo logístico (transporte, fracionamento e armazenamento dos produtos) e um custo de vendas (salário e comissionamento de vendedores, veículos, estrutura de telefonia, *palmtops* etc.) que, muitas vezes, inviabilizam a colocação direta dos produtos em determinados mercados.

Para esses casos, normalmente envolvendo clientes pequenos e geograficamente distantes, utilizam-se *brokers*, *representantes comerciais*, *distribuidores* ou *atacadistas*.

Para ilustrar essa situação, podemos dizer que as grandes indústrias usualmente limitam o atendimento direto de determinados estabelecimentos por número de *check-outs* (caixas); assim, o pequeno supermercado que possui dois ou três caixas não será atendido diretamente pela indústria, mas por um canal de distribuição diverso.

Além do *porte* dos estabelecimentos, muitas empresas segmentam canais próprios segundo a *natureza* de cada um deles.

Como exemplo, há as divisões *food service* ou *institucionais* das grandes indústrias alimentícias, que se dedicam a atender exclusivamente hotéis, motéis, restaurantes, hospitais, escolas, clubes, padarias, lojas de conveniência, casas noturnas etc.

Para essas grandes empresas, o foco de suas atenções se concentra nos grandes e médios supermercados, ficando a comercialização aos demais segmentos a cargo de firmas especializadas (*brokers*, *representantes comerciais*, *distribuidores* ou *atacadistas*).

A montagem desse grande quebra-cabeça, cuja meta é atingir o cliente da forma mais rápida e econômica, denominamos de *política comercial*, e ela se inicia do entendimento da curva ABC de clientes.

16.3. Principais produtos

Sei que, com frequência, ao prestar atenção no modo como uma empresa opera, muitas surpresas podem surgir. Uma das descobertas mais comuns, por exemplo, é a de que somente alguns poucos itens representam a maior parte do faturamento e que centenas de outros itens têm uma representação ínfima.

Sendo assim, convém sempre analisar se podemos suprimir da linha de produção alguns desses artigos de pequeno giro, que propiciam um faturamento insignificante e exigem uma enorme estrutura para sua produção.

Outra ação interessantíssima é criar janelas para esse tipo de produção, sem comprometer o dia a dia e o Departamento de Planejamento e Controle de Produção, o PCP.

Ao focar na fabricação dos produtos com maior giro, ganha-se na racionalização de pessoal e no tempo de uso das máquinas.

Os cenários podem ser diversos, mas é essencial o estudo minucioso da curva ABC dos produtos da empresa na medida em que, desse trabalho, podem advir consequências importantes, como, por exemplo, a ampliação do *mix* de produtos, adequando-os à concorrência ou, o que é mais comum numa situação de crise, reduzindo-o, pois, em regra, quanto mais numerosos forem os itens, mais lenta será a rotação de estoques.

Vamos analisar um caso prático:

Principais produtos				
Principais Produtos – Insumos Agrícolas/Máquinas e Implementos e Peças **Período: 01/01/2009 a 30/12/2009 – 12 Meses – Dia/Mês**				
Ranking	Código	Produtos	Repres. %	
			MP	Total
1	14157	Soja em Grão – Transgênica	19,1%	19,1%
2	5971	Soja em Grão – Convencional	14,5%	33,6%
3	5977	Milho em Grão	10,2%	43,8%
4	1863	Opera (4X5 L)	3,5%	47,3%
5	2069	Adubo 00.18.18 Plus (Big Bag)	3,3%	50,6%
6	2170	Adubo 00.20.20 (Big Bag)	3,3%	53,9%
7	2166	Adubo 00.20.20 Plus (Big Bag)	2,1%	56,0%
8	2083	Adubo 30.00.20 (Big Bag)	1,9%	57,9%
9	1858	Standak (4X5 L)	1,6%	59,5%
10	2193	Adubo 00.18.18 (Big Bag)	1,3%	60,8%
11	2086	Ureia P.A. (Big Bag)	1,2%	62,0%
12	2092	Semente Milho Pioneer 30F90 Sc C/20 kg	0,9%	62,9%
13	2225	Adubo 06.20.30 (Big Bag)	0,9%	63,8%
14	2103	Adubo 20.00.20 (Big Bag)	0,8%	64,6%
15	2137	Kcl P.A. (Big Bag)	0,8%	65,4%
16	1956	Aproach Prima (Bd 10 L)	0,8%	66,2%
17	1834	Cefanol (10X2 kg)	0,8%	67,0%
18	2120	Semente Soja Msoy 8849 Rr Sc C/40 kg	0,7%	67,7%
19	2118	Semente Soja Msoy 8757 Sc C/40 kg	0,7%	68,4%
20	1860	Standak (10X1 L)	0,7%	69,0%
21	1915	Nomolt 150 (10X1 L)	0,7%	69,7%
22	2207	Adubo 10.20.20 (Big Bag)	0,6%	70,3%
23	2088	Semente Milho Pioneer 30F35 Sc C/20 kg	0,6%	70,9%
24	1962	Lannate (2X10 Lt)	0,6%	71,5%
25	2199	Adubo 00.20.18 Mega Plus (Big Bag)	0,6%	72,1%
26	2123	Semente Soja Msoy 8867 Rr Sc C/40 kg	0,6%	72,7%
27	2096	Adubo 25.00.25 (Big Bag)	0,5%	73,3%
28	1838	Siptran 500 Sc (1X20 L)	0,5%	73,8%
29	2203	Adubo 06.16.16 (Big Bag)	0,5%	74,3%
6397		Outros – Diversos	25,7%	100%
6426		**Total**	**100%**	

Observar a realidade dessa empresa detecta a comercialização de 6.426 itens, sendo que quase 74% de suas vendas se concentram em apenas 29 deles.

Os demais 6.397 itens respondem por aproximadamente 26% das vendas. Ou seja, qual é o grau de importância desses produtos para os clientes? Pode-se executar um enxugamento da estrutura baseado na eliminação dos produtos de menor giro? Qual a implicação disso?

Há, nesse caso, uma grande oportunidade para a modificação da oferta de produtos, de modo a racionalizar a operação.

Não raramente, os itens de menor giro comprometem a operação. Já vivi situações em que pedidos de mais de R$ 300.000,00 (trezentos mil reais) não foram expedidos pela falta de itens periféricos que representavam, juntos, menos de R$ 500,00 (quinhentos reais).

Ao se concentrar naquilo que realmente é importante na operação, cria-se um estado de convergência de esforços e informa-se ao público interno (funcionários da produção e equipe de vendas) e ao externo (clientes) qual é o *foco* da operação, o que auxilia no fortalecimento do *core business*. A empresa passa a operar de maneira focada e, por consequência, mais competitiva.

16.4. Carteira de pedidos

A leitura da carteira de pedidos é outro aspecto que deve ser levado seriamente em conta no processo de reestruturação de uma empresa.

Quando há abundância de capital, podemos manter estoques e trabalhar com conforto e tranquilidade, porém, quando o quadro é diverso, os parcos recursos de capital de giro devem ser utilizados para a produção daquilo que realmente irá se traduzir em recursos rapidamente.

A produção deve ser orientada, exclusivamente, para atender uma demanda já existente. A administração do dia a dia de uma empresa em dificuldades deve ser orientada pela carteira de pedidos.

Essa leitura da carteira de pedidos – de acordo com a atividade da empresa – deve ser atualizada periodicamente, a fim de compatibilizar as necessidades de compras ao que deve ser efetivamente produzido.

PROCESSO PRODUTIVO

capítulo **17**

Após a constatação do que há para produzir, é necessário entender *como* a empresa fabricará seus produtos. Na realidade, é fundamental entender como a companhia produz seus produtos e quais são as peculiaridades da operação, incluindo fases, métodos e aderência ao parque fabril.

Na minha empresa de consultoria, tenho a felicidade de ter como sócio o especialista em processos industriais Marcos Freitas, que tão bem sabe mapear os fluxos de programação e processo.

Perdi a conta do número de empresários que me afirmou que seu problema residia, exclusivamente, na falta de capital de giro. No curso do diagnóstico nessas ocasiões, deparamo-nos com verdadeiros *shows* de improviso.

Não há sequer como falar numa má administração fabril, mas, em alguns casos, na completa inexistência de administração na acepção técnica do termo.

A continuidade produtiva – naquelas condições – só faria aumentar o buraco, e é precisamente por isso que, antes de prover o fomento do capital de giro das empresas, não é somente necessário, mas fundamental, entender a racionalidade (ou a falta dela) do processo produtivo, implementando as correções, quando for o caso.

O mapeamento dos processos de procedimentos da área produtiva se faz com o apoio de uma metodologia advinda das disciplinas de engenharia, porém, acessíveis a todos.

São os famosos DFDs (Diagramas de Fluxo de Dados) que permitem a leitura adequada do caminho da informação, assim como das etapas envolvidas no processo produtivo. Vamos a eles.

17.1. Fluxograma de programação

Esse trabalho reside na documentação de todas as fases, tanto da programação quanto do processo de fabricação propriamente dito, e sua utilidade consiste na reavaliação da racionalidade, na pertinência e na eventual sobreposição de funções e etapas.

Como a empresa é "passada a limpo", convém documentar tanto o fluxo de processo quanto o de programação.

Vejamos, a seguir, um exemplo de fluxo de programação:

Fluxograma de programação

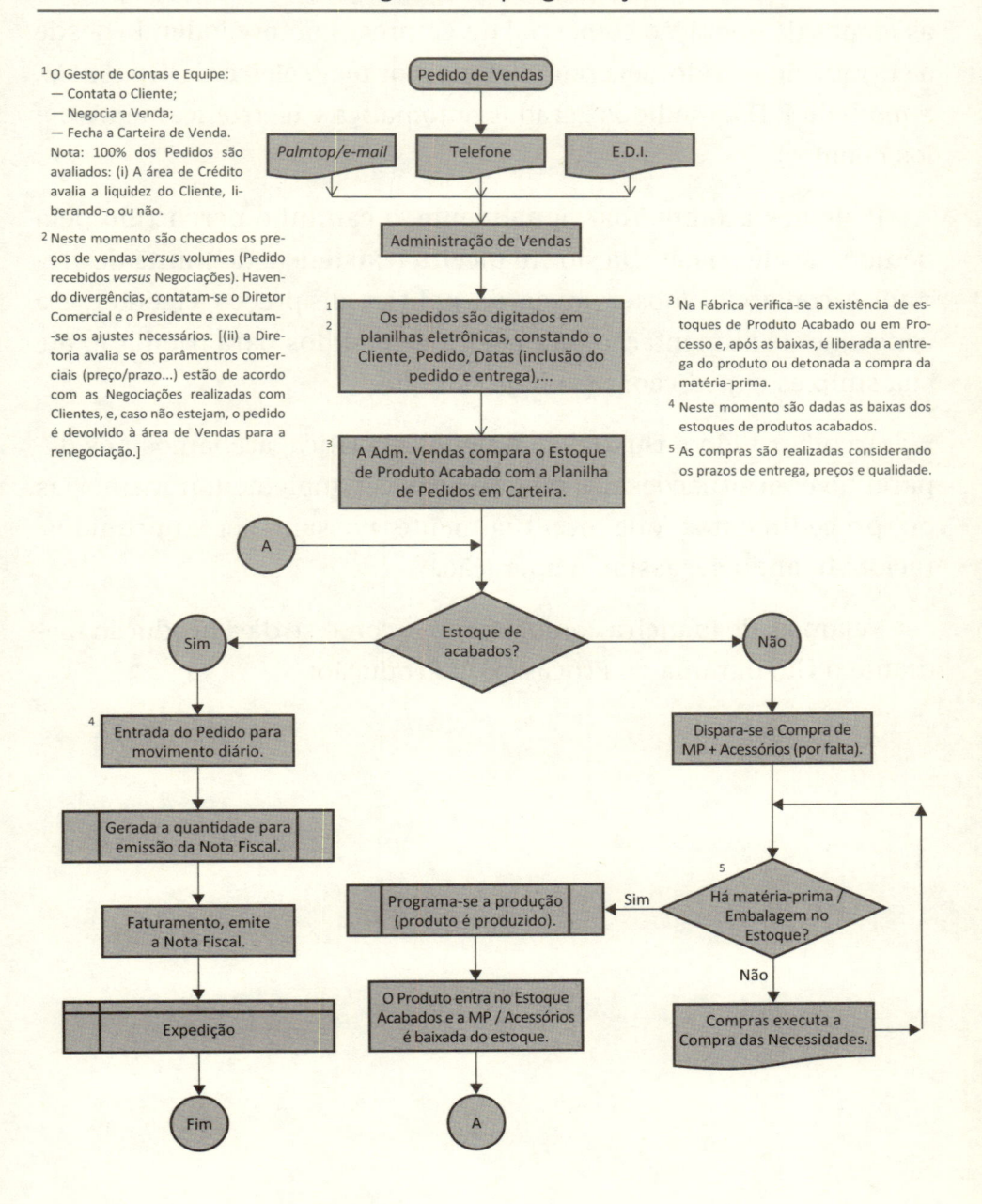

Esse diagrama nos permite acompanhar, passo a passo, todas as etapas da operação comercial da empresa compreendendo desde a entrada do pedido, seja por telefone, por meio eletrônico (*palmtop, e-mail*) ou E.D.I. (pedidos gerados automática e eletronicamente pelos clientes).

Podemos acompanhar, igualmente, o caminho percorrido pelo pedido, desde sua avaliação financeira (existência de limite de crédito) e comercial (observância da política de preços vigente), e a consequente alimentação da carteira de pedidos para produção até sua simples expedição, caso haja estoque.

Ao olhar todo o fluxo com uma visão crítica, acabamos nos deparando com situações nas quais é possível implementar melhorias ou procedimentos que eventualmente possam ser suprimidos, racionalizando-se, assim, a operação.

Vejamos, de maneira complementar, como se dá a produção mediante o fluxograma de Processo ou Produção:

Fluxograma de processo

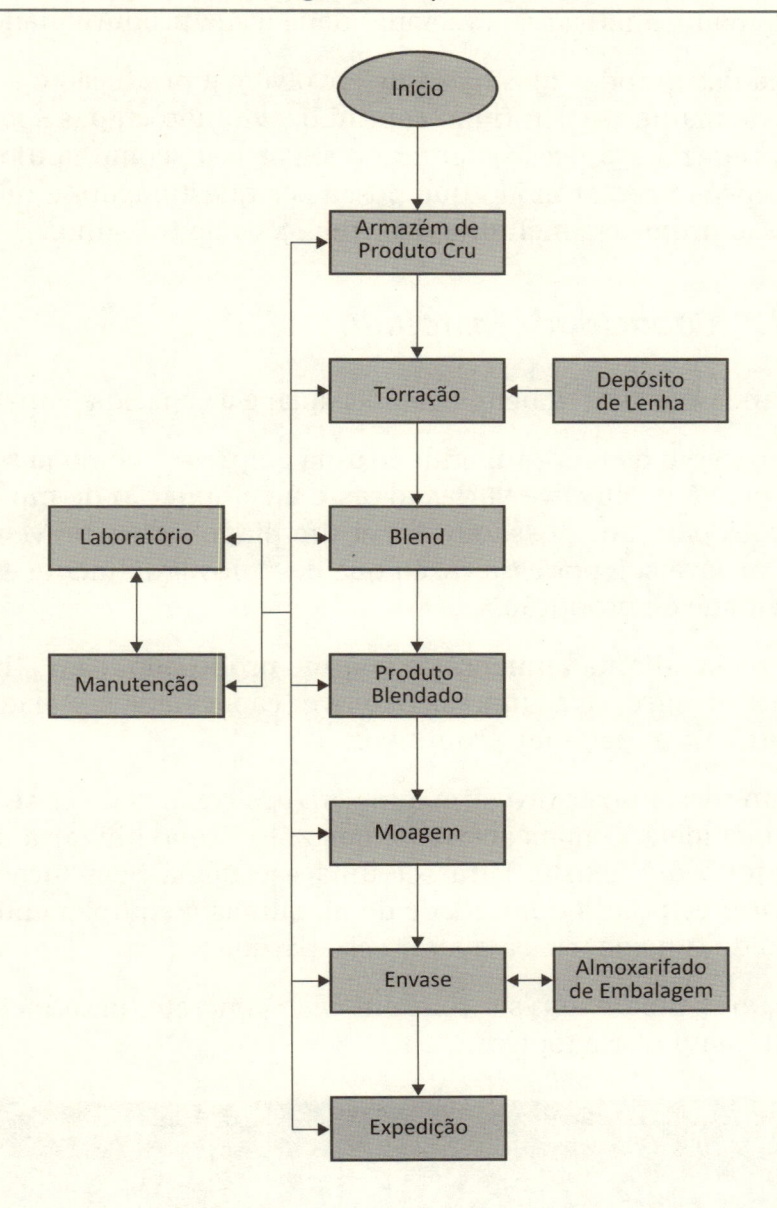

Quanto ao processo fabril propriamente dito, é importante, do mesmo modo, analisar sua racionalidade e sua produtividade.

Uma das grandes questões que envolvem a produção é a necessidade de manter-se um fluxo contínuo, evitando etapas sobrepostas e o retorno a processos anteriores. Por isso, como já dito, convém mapeá-lo de tal modo que possa ser questionado, e que essa discussão propicie a melhoria das condições de trabalho.

17.1.1. Capacidade instalada

É fundamental, também, entender qual é a capacidade instalada.

O processo de reerguimento de uma empresa – como já se repetiu à exaustão – envolve várias áreas e a compilação de muitas informações para que possamos fazer um plano único, prevendo todas as variáveis. É por essa razão que devemos igualmente estudar a capacidade de produção.

De nada adianta aumentar o volume produzido, com a injeção de capital de giro, se a empresa não tiver capacidade instalada para suportar o novo patamar produtivo.

Além disso, fazer investimentos em um cenário de crise nunca é uma boa ideia. O mais acertado, portanto, é maximizar a utilização daquilo que existe. Para ser uma estratégia bem-sucedida, é necessário estudar a quantidade de máquinas e equipamentos, e o número de funcionários a operar esse parque.

Vejamos uma empresa, com um caso concreto, para facilitar o entendimento desse tópico:

Capacidade produtiva						
Composição dos Turnos de Trabalho						
Área	Local	Turno	Entrada	Saída	Intervalo	Jornada semanal
Fábrica	Torradores e Laboratório	1° Turno	0:00	7:00	0:15	Seg. a Sáb.
		2° Turno	7:01	13:00	0:15	Seg. a Sáb.
		3° Turno	13:01	19:00	0:15	Seg. a Sáb.
Fábrica	Moagem e Empacotamento	1° Turno	7:00	13:00	0:15	Seg. a Sáb.
		2° Turno	13:01	19:00	0:15	Seg. a Sáb.
Escritório	Expedição, Armazém e Adm. (Fábrica/Escritório)	Escritório	7:00	17:48	2:00	Seg. a Sex.

Capacidade produtiva – Processo

Grupos

	Equipamento	Silos de descarga	Pré-limpeza	Silos blend, café verde	Torradores	Silos blend torrado	Silos café grão	Moinho de rolo	Caixa de café em pó	Caixa de café em grão
	Qtde.	2	1	6	3	8	8	6	12	1
	Capac. Armazenagem	36.000,0		360.000,0		40.000,0	84.000,0	-	96.000,0	2.000,0
	Unidade	kg	kg	kg	kg	kg	kg	kg	kg	kg
Capacidade instalada potencial	Ciclo (kg/h)	36.000,00	6.000,00	360.000,00	6.150,00	40.000,00	84.000,00	15.000,00	96.000,00	2.000,00
	Total de h/dia	24,00	24,00	24,00	24,00	24,00	24,00	24,00	24,00	24,00
	Jornada semanal	Seg. a Dom.	Seg. a Dom.	Seg. a Dom.	Seg. a Dom.	Seg. a Dom.	Seg. a Dom.	Seg. a Dom.	Seg. a Dom.	Seg. a Dom.
	N. de dias	30,00	30,00	30,00	30,00	30,00	30,00	30,00	30,00	30,00
	Total (kg/dia)	864.000,00	144.000,00	8.640.000,00	147.600,00	960.000,00	2.016.000,00	360.000,00	2.304.000,00	48.000,00
	Qtd. (kg/mês)	25.920.000,00	4.320.000,00	259.200.000,00	4.428.000,00	28.800.000,00	60.480.000,00	10.800.000,00	69.120.000,00	1.440.000,00
Capacidade instalada	Ciclo (kg/h)	36.000,00	6.000,00	360.000,00	6.150,00	40.000,00	84.000,00	15.000,00	96.000,00	2.000,00
	Total de h/dia	8,48	18,00	18,00	18,00	18,00	18,00	12,00	12,00	12,00
	Jornada semanal	Seg. a Sex.	Seg. a Sex.	Seg. a Sex.	Seg. a Sex.	Seg. a Sex.	Seg. a Sex.	Seg. a Sex.	Seg. a Sex.	Seg. a Sex.
	N. de dias	26,00	26,00	26,00	26,00	26,00	26,00	26,00	26,00	26,00
	Total (kg/dia)	305.280,00	108.000,00	6.480.000,00	110.700,00	720.000,00	1.512.000,00	180.000,00	1.152.000,00	24.000,00
	Qtd. (kg/mês)	7.937.280,00	2.808.000,00	168.480.000,00	2.878.200,00	18.720.000,00	39.312.000,00	4.680.000,00	29.952.000,00	624.000,00
	% Utilização	31%	65%	65%	65%	65%	65%	43%	43%	43%
Performance da capacidade instalada	Ciclo (kg/h)	36.000,00	6.000,00	360.000,00	6.150,00	40.000,00	84.000,00	15.000,00	96.000,00	2.000,00
	Total (kg/dia)	26.129,13	26.129,13	26.129,13	26.129,13	20.903,31	20.903,31	20.570,04	20.570,04	333,27
	Qtd. (kg/mês)	679.357,50	679.357,50	679.357,50	679.357,50	543.486,00	543.486,00	534.821,00	534.821,00	8.665,00
	% Eficiência	9%	24%	0%	24%	3%	1%	11%	2%	1%
	% Horas paradas									
	% Refugo									

Nota: A capacidade Instalada Potencial do Processo, contando com 30 dias trabalhados de 24 horas, será de 4.320.000,0 kg/mês. Nesta análise, consideramos que o gargalo operacional está localizado na área de torradores (maior investimento). A fase de "Pré-limpeza" não é um empecilho produtivo, em função do baixo investimento necessário para alavancar sua capacidade. Contudo, observamos existir em fase de montagem um quarto torrador para entrada em operação, tão logo os volumes de vendas se justifiquem.

Capacidade produtiva – Envase

Grupos de Máquinas

	Descrição	Almofada	Almofada	Almofada	Vácuo Goglio (válvula)	Vácuo Goglio (válvula)	Vácuo Open	Lata
		Fundo chato	500 g	250/100	250 a 500 g	500 a 1.300 g	500	1.000 g
	Qtde.	1	2	2	1	1	1	1
	Unidade	kg	kg	kg	kg	kg	kg	kg
Capacidade instalada potencial	Ciclo (kg/h)	1.200,00	3.600,00	1.800,00	1.025,00	2.050,00	900,00	1.440,00
	Total de h/dia	24,00	24,00	24,00	24,00	24,00	24,00	24,00
	Jornada semanal	Seg. a Dom.	Seg. a Dom.	Seg. a Dom.	Seg. a Dom.	Seg. a Dom.	Seg. a Dom.	Seg. a Dom.
	N. de dias	30,00	30,00	30,00	30,00	30,00	30,00	30,00
	Total (kg/dia)	28.800,00	86.400,00	43.200,00	24.600,00	49.200,00	21.600,00	34.560,00
	Qtd. (kg/mês)	864.000,00	2.592.000,00	1.296.000,00	738.000,00	1.476.000,00	648.000,00	1.036.800,00
Capacidade instalada	Ciclo (kg/h)	1.200,00	3.600,00	1.800,00	1.025,00	2.050,00	900,00	1.440,00
	Total de h/dia	12,00	12,00	12,00	12,00	12,00	12,00	12,00
	Jornada semanal	Seg. a Sáb.	Seg. a Sáb.	Seg. a Sáb.	Seg. a Sáb.	Seg. a Sáb.	Seg. a Sáb.	Seg. a Sáb.
	N. de dias	26,00	26,00	26,00	26,00	26,00	26,00	26,00
	Total (kg/dia)	14.400,00	43.200,00	21.600,00	12.300,00	24.600,00	10.800,00	17.280,00
	Qtd. (kg/mês)	374.400,00	1.123.200,00	561.600,00	319.800,00	639.600,00	280.800,00	449.280,00
	% Utilização	43%	43%	43%	43%	43%	43%	43%
Performance da capacidade instalada	Ciclo (kg/h)	1.200,00	3.600,00	1.800,00	1.025,00	2.050,00	900,00	1.440,00
	Total (kg/dia)	313,85	12.671,15	5.737,69	330,00	107,69	491,65	453,58
	Qtd. (kg/mês)	8.160,00	329.450,00	149.180,00	8.580,00	2.800,00	12.783,00	11.793,00
	% Eficiência	2%	29%	27%	3%	0%	5%	3%
	% Horas paradas							
	% Refugo							

Nota: A capacidade Instalada Potencial das Envasadoras, contando com 30 dias trabalhados de 24 horas, é subdividida de acordo com a configuração atual dos equipamentos e, assim, considerando a situação, observamos que as capacidades potenciais instaladas estão muito acima do nível de venda observado em fevereiro de 2011.

Vê-se, pelo exemplo dado, que a empresa mantém uma imensa capacidade instalada que está subutilizada e pode prover um melhor retorno à companhia.

Aliás, nesse caso específico, a ampliação das vendas foi justamente um dos caminhos trilhados no processo de reestruturação da empresa, que passou a produzir não somente os produtos com a sua denominação, mas também incrementando a sua *private label* (produção para clientes que desejam produtos com marca própria), além de terceirizar a produção de outras indústrias.

Vale ressaltar, nesse sentido, que capacidade produtiva não é sinônimo de número de máquinas, mas da junção das duas variáveis: parque fabril e mão de obra disponível.

Em muitos casos, a capacidade produtiva não se amplia com a compra de máquinas, mas com a adição de novos turnos de trabalho e, simplesmente, pela eliminação dos gargalos.

Aliás, para quem se interessa pelo tema, recomendo a leitura do livro *A meta*,[8] um clássico que divulgou a Teoria das Restrições e fala justamente do processo de identificação e eliminação dos gargalos de uma fábrica.

Note-se que o fluxo produtivo é muito dinâmico e exige um acompanhamento constante do gestor, ocupando-se em melhorar a eficiência e a eficácia da fábrica, sempre atentando para a demanda de mercado.

17.1.2. Lead time

Define-se *lead time* como o intervalo entre o início de uma atividade, produtiva ou não, e seu término. A aplicação que nos interessa é a utilizada nos estudos de *supply chain management* (gestão da

---

[8] GOLDRATT, Eliyahu M.; COX, Jeff. 2. ed. rev. e ampl. São Paulo: Nobel, 2002.

cadeia de suprimentos) e consiste no decurso de tempo entre a entrada da matéria-prima e a sua disponibilização para a expedição.

Para qualquer empresa, sobretudo aquelas em crise, é necessário conhecer e gerenciar o *lead time* dos produtos. Assim, poderemos administrar de forma correta os recursos e delimitar o lapso temporal existente para a matéria-prima adquirida se transformar em faturamento.

Os *lead times* são fundamentais, portanto, para termos clareza de um processo ainda maior: o ciclo operacional da empresa. É preciso conhecer com exatidão cada uma das etapas, a partir do processo de venda, passando pelas várias fases da produção do produto, culminando com a entrega ou, em alguns casos, no pós-venda.

Quando falamos de empresas pequenas e médias ou daquelas que produzem um ou poucos produtos, fica fácil determinar os *lead times*. Entretanto, para aquelas em que o *mix* de produtos compreende centenas ou milhares deles, torna-se contraproducente estabelecer *lead times* individuais. Nesse caso, o ideal é estabelecê-los por famílias de produtos.

Nem sempre a contagem do *lead time* se inicia na entrega da matéria-prima, pois há casos específicos em que ele começa na produção do fornecedor, para depois o insumo ser disponibilizado no setor industrial. Isso ocorre quando a matéria-prima passa por complexos processos de produção ou beneficiamento. Assim, o *lead time* produtivo se origina no momento da colocação do pedido no fornecedor.

A extensão do *lead time* se reflete na necessidade de capital de giro. Vejamos os exemplos a seguir:

Lead Times

Produto: Almofada 500 g – convencional	Número de Horas														
Programa = 24.000 pcte = 12.000 kg	1	2	3	4	5	6	7	8	9	10	11	12	13	14	15
Imput de Pedidos no Sistema	■														
Avaliação do PCP e Programação das Linhas	■														
Entrada Matéria-Prima / Controle de Qualidade	■														
Silos de Descarga		■													
Pré-limpeza		■													
Silos de Blend do Café Verde		■													
Torrefação			■												
Silos de Blend do Café Torrado			■												
Silos de Café em Grão			■												
Moinho de Rolo			■												
Caixa de Café em Pó			■												
Envase e Empacotamento			■	■											
Estoque de Acabado					■										
Expedição					■										

Lead Times

Produto: Almofada 500 g – fundo chato	Número de Horas														
Programa = 24.000 pcte = 12.000 kg	1	2	3	4	5	6	7	8	9	10	11	12	13	14	15
Imput de Pedidos no Sistema	■														
Avaliação do PCP e Programação das Linhas	■														
Entrada Matéria-Prima / Controle de Qualidade	■														
Silos de Descarga		■													
Pré-limpeza		■													
Silos de Blend do Café Verde		■													
Torrefação			■												
Silos de Blend do Café Torrado			■												
Silos de Café em Grão			■												
Moinho de Rolo			■												
Caixa de Café em Pó			■												
Envase e Empacotamento			■	■	■	■	■	■	■	■	■				
Estoque de Acabado												■			
Expedição												■			

Lead Times															
Produto: Almofada 250 g – convencional	Número de Horas														
Programa = 48.000 pcte = 12.000 kg	1	2	3	4	5	6	7	8	9	10	11	12	13	14	15
Imput de Pedidos no Sistema	■														
Avaliação do PCP e Programação das Linhas	■														
Entrada Matéria-Prima / Controle de Qualidade	■														
Silos de Descarga		■													
Pré-limpeza		■													
Silos de Blend do Café Verde		■													
Torrefação			■												
Silos de Blend do Café Torrado			■												
Silos de Café em Grão			■												
Moinho de Rolo			■												
Caixa de Café em Pó			■												
Envase e Empacotamento				■	■	■	■	■	■						
Estoque de Acabado									■						
Expedição									■						

Nesses dois casos, o *lead time* produtivo é medido em horas, aliás, em poucas. Tal realidade, para a gestão do caixa, é de fundamental importância na medida em que o financiamento da produção é obtido com um capital que pode ser girado várias e várias vezes ao longo do mês.

Assim, apenas para o melhor entendimento do assunto, convém estudarmos o extremo oposto, no qual nos deparamos com um longo processo produtivo e um extenso *lead time*, conforme se observa a seguir:

Produto Parafuso I718 Allen M12 x 1,75 x 38 mm	Número de Dias																											
Programa = 200 peças	1	2	3	4	5	6	7	8	9	10	11	12	13	14	15	16	17	18	19	20	21	22	23	24	25	26	27	28
Imput de Pedidos no Sistema	■																											
Avaliação do PCP e Programação das Linhas	■																											
Entrada Matéria-Prima / Controle de Qualidade	■																											
Entrada de Embalagem / Controle de Qualidade	■																											
Corte da Barra (1 corte)	■																											
Forjaria		■																										
Laminação			■																									
Solubilização				■																								
Endireitamento					■																							
Pré-corte						■																						
Usinagem da Barra							■																					
Cortar (200 cortes = 2 minutos por corte) (2 turnos)								■	■	■																		
Chanfrar (0,6 minuto / peça)											■																	
Estampar Cabeça do Parafuso (0,5 minuto / peça)												■																
Usinagem do Primitivo (2 turnos)													■															
Pré-furo da Cabeça (2 turnos)														■														
Usinagem Total (2 turnos)															■	■												
Eletroerosão																	■											
Laminação da Rosca																		■										
Solubilização																			■									
Envelhecimento																				■								
Verificação de Dureza																					■							
Gravação																						■						
Inspeção Dimensional																							■					
Usinagem do Corpo de Prova																								■				
Ensaio de Tração (30 minutos)																								■				
Ensaio de Charpy (laboratório externo) – 3 dias																									■	■	■	
Ensaio de Metalografia (laboratório externo)																									■			
Controle de Qualidade (de posse dos laudos) emite certificado																												■
Estoque de Acabado																												■

Produto Porca I718 revestida diâm. 1 pol. 8 unc — Número de Dias

Programa = 200 peças

Atividade	1	2	3	4	5	6	7	8	9	10	11	12	13	14	15	16	17	18	19	20	21	22	23	24	25	26	27	28	29	30	31	32	33	34
Imput de Pedidos no Sistema	■																																	
Avaliação do PCP e Programação das Linhas		■																																
Entrada Matéria-Prima / Controle de Qualidade		■																																
Entrada de Embalagem / Controle de Qualidade		■																																
Corte da Barra (1 corte)			■																															
Forjaria				■																														
Laminação					■																													
Solubilização						■																												
Endireitamento							■																											
Pré-corte								■																										
Usinagem da Barra									■																									
Cortar (200 cortes = 2 minutos por corte) (2 turnos)										■																								
Chanfrar (1 minuto / peça)											■																							
Estampar Porca (2,0 minutos / peça)												■																						
Solubilização													■																					
Facear e Chanfrar														■																				
Pré-furar e Escarear															■																			
Solubilização																■																		
Envelhecimento																	■																	
Verificação de Dureza																		■																
Ensaio de Líquido Penetrante (externo)																			■	■														
Inspeção Dimensional 100%																					■													
Inspeção de Dureza 100%																					■													
Usinagem do Corpo de Prova																						■												
Ensaio de Tração (30 minutos)																						■												
Ensaio de Charpy (laboratório externo) – 3 dias																						■	■	■										
Ensaio de Metalografia (laboratório externo)																						■	■	■										
Holding Point Intermediário (Inspetor BV – Petrobras)																									■									
Gravação																										■								
Revestimento em Xilan (externo)																											■	■	■					
Inspeção de Recebimento																														■				
Montagem das Peças (porca com estojo)																															■			
Montagem "Data book"																																■		
Holding Point Final (Inspetor BV – Petrobras)																																	■	
Embalagem (rede plástica)																																	■	
Estoque de Acabado																																		■

Os produtos ilustrados demandam, desde o ingresso da matéria-prima na empresa, os prazos de 28 e 34 dias, respectivamente, para que estejam aptos ao faturamento.

Tendo em conta que a empresa não produz apenas duas unidades de produtos ao longo do mês, cada item se sobrepõe ao outro e gera uma imensa necessidade de capital. A companhia demora um longo tempo para reaver os valores empatados com a compra de matéria-prima e a realização do seu resultado.

Os exemplos são diametralmente opostos e se prestam a ilustrar a importância desse indicador, tanto para a operação fabril, quanto para a gestão financeira.

Podemos afirmar que o *lead time* longo exige do gestor uma maior eficiência e *expertise*, porque quaisquer sobressaltos e retrabalhos comprometem o processo todo.

17.2. Análise do PCP

O Planejamento, Programação e Controle de Produção (PCP) é uma das áreas mais importantes da empresa, já que ali é onde tudo flui. Costumo mesmo dizer que o PCP – e não o financeiro – é o coração de uma empresa em crise.

Dentro de um sistema de produção, o PCP exerce papel fundamental ao propiciar o apoio administrativo à produção, simulando o que deve ser produzido, bem como a fila de produção e o acompanhamento da *performance*, ou seja, se aquilo que foi planejado foi efetivamente produzido.

Temos, portanto, que o PCP marca o ritmo da produção e da empresa, podendo ser considerado por eventuais vantagens ou desvantagens competitivas. Uma boa gestão nessa área pode significar a diferença entre o lucro e o prejuízo.

Se em condições normais a gestão do PCP é estratégica, numa empresa que passa por dificuldades, na qual o capital de giro é curto, estabilizá-lo é a palavra de ordem, porque a rápida expedição dos produtos faz o caixa girar e diminui o ciclo operacional.

POLÍTICA DE RECURSOS HUMANOS

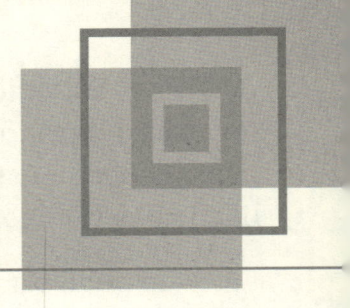

capítulo **18**

Para que a reestruturação seja bem planejada, é necessário saber exatamente onde ela está inserida, bem como o quanto a estrutura encontra-se "inchada" ou "carente" de pessoas.

Sendo assim, um levantamento preciso, departamento por departamento, sobre o número de colaboradores alocados, bem como a remuneração direta e indireta de cada um, faz parte do plano.

Muitas vezes, encontro, em empresas antigas, cargos desnecessários hoje em dia, assim como diversos níveis decisórios que acabam travando a fluência da comunicação entre a direção e a base da companhia. Na moderna administração, quanto menos hierarquia, melhor.

A ênfase dos tempos atuais é a capacitação do trabalhador da base da empresa para que ele mesmo possa, também, gerir o negócio naquilo que lhe compete.

O novo profissional, nos mais diversos cargos e funções, requer um perfil qualificado e proativo, sendo dever de toda a organização propiciar condições para que ele se torne mais treinado e consciente.

Além da avaliação dos níveis hierárquicos, dos cargos existentes e da própria quantidade de funcionários, há também que se pensar sobre a existência de cada departamento e a verdadeira utilidade dos serviços prestados e das etapas de produção existentes.

Algo pode ser terceirizado? São mesmo necessários vários turnos de trabalho? Normalmente, são essas, dentre outras, as questões a serem elucidadas num processo de reestruturação.

Em verdade, a empresa é apenas uma abstração. Trabalhamos com pessoas e, por conta disso, a organização se resume às pessoas que a compõem; não se interage com uma empresa, e sim com as *pessoas* que ali trabalham.

É preciso, portanto, motivar o pessoal.

Muito embora a maioria de nós trabalhe para obter o sustento, podemos dizer, sem qualquer receio, que as pessoas querem mais. Querem se sentir como parte de algo maior, deixar sua marca, querem "pertencer" a uma organização. Isso, evidentemente, também as motiva.

Já li em algum lugar que executivos e trabalhadores, em geral, sentem-se mais oprimidos não pelas jornadas de trabalho que não param de crescer, mas pela sensação de impotência frente a uma série de desmandos e à falta de autonomia para corrigir esse quadro.

Na medida em que são inseridas no processo de mudança, as pessoas reagem dando como contribuição o melhor de si, e as sugestões que emergem desse processo são, muitas vezes, surpreendentes.

Havendo a possibilidade, além de mapear a quantidade e os salários dos funcionários em cada departamento, convém analisar algumas outras variáveis, notadamente o nível de rotação da mão de obra na empresa, o conhecido *turnover*:[9]

---

[9] *Turnover* – Palavra em inglês que significa rotatividade, movimentação e giro.

Índice de *Turnover* – 2010								
Mês	Número de funcionários							(%)
	Anterior	Atual	Média	Admitido	Acumul.	**Demitido**	Acumul.	*Turnover*
Jan.	683	691	687	45	45	**37**	37	5,4
Fev.	691	690	690,5	23	68	**24**	61	3,5
Mar.	690	720	705	63	131	**33**	94	4,7
Abr.	720	711	715,5	35	166	**44**	138	6,2
Maio	711	723	717	40	206	**28**	166	3,9
Jun.	723	699	711	30	236	**54**	220	7,6
Jul.	699	681	690	14	250	**32**	252	4,6
Ago.	681	687	684	41	291	**35**	287	5,1
Set.	687	704	695,5	48	339	**31**	318	4,4
Out.	704	683	693,5	15	354	**36**	354	5,1
Nov.	683	669	676	29	383	**43**	397	6,4
Dez.	669	670	669,5	22	405	**21**	418	3,2

O mapeamento transcrito no quadro é importante para se entender o impacto do *turnover* na empresa que, no caso, é bastante significativo, chegando mesmo a 7,6% dos funcionários num único mês.

Não estamos falando, aqui, apenas do custo da demissão por iniciativa dos próprios funcionários ou pela deliberação da empresa motivada por baixo desempenho.

A contratação de substitutos implica um expressivo custo com o treinamento desses novos profissionais e um desempenho intermediário, até que estejam habilitados ao posto.

Reter os funcionários necessários e, dentro do possível, deixá-los satisfeitos é, no final das contas, um ótimo negócio.

Convém, também, entender qual é o comportamento histórico da utilização da mão de obra, a fim de verificar se a empresa está ou não inchada. Para isso, é necessário compreender a variação positiva ou negativa no número de funcionários ao longo do tempo.

Média anual do número de funcionários

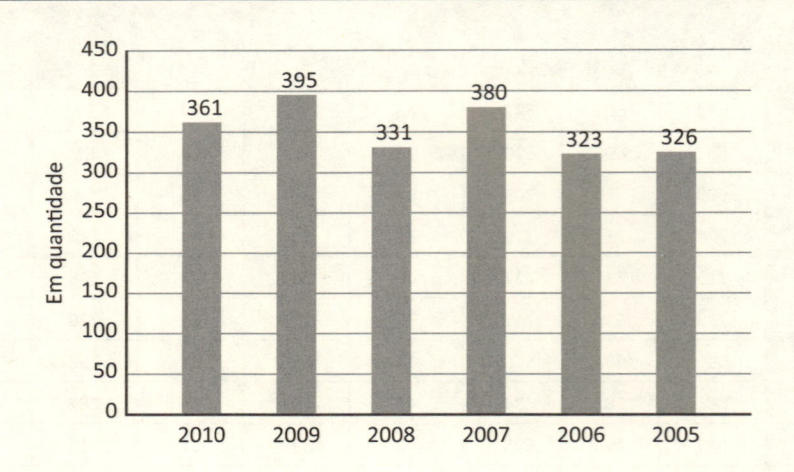

Essa informação, todavia, nem sempre permite compreender se a empresa utiliza bem seus recursos humanos, pois pode apontar distorções gritantes, se bem que não conclusivas.

Por exemplo, o número de funcionários pode ter caído sem que isso signifique uma maior produtividade, ao contrário, pode significar que a empresa tenha, na verdade, entrado em colapso, e parte dos seus colaboradores já não seja necessária.

Em contrapartida, o número de trabalhadores pode aumentar por má gestão dos líderes, dos gerentes e dos encarregados, não em virtude do real incremento dos negócios.

Nas empresas em crise, todavia, não se observa nenhum desses cenários, pois o quadro predominante é a manutenção de um contingente que já não condiz com o seu desempenho, considerando-se o faturamento por funcionário.

Desse modo, uma boa avaliação para o entendimento histórico da operação é a divisão do faturamento da empresa por seu número de funcionários, obtendo-se o faturamento por funcionário.

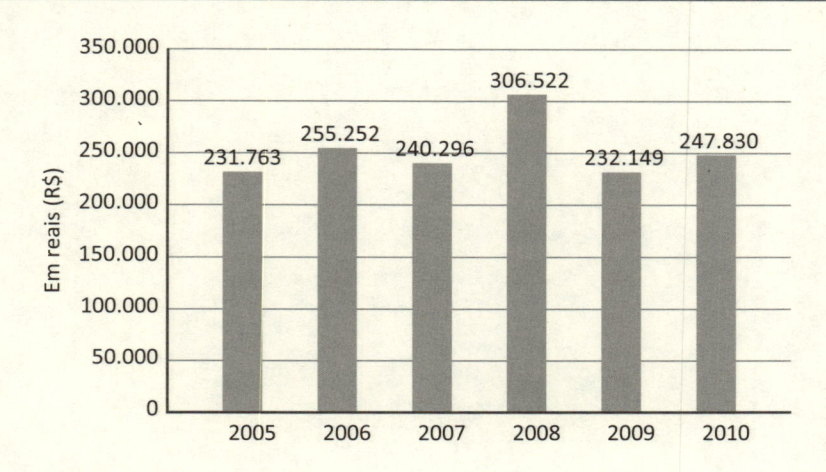

Faturamento por funcionário

No exemplo dado, a expressiva diminuição desse coeficiente indica a necessidade de sérios ajustes, pois a empresa precisa retomar seus níveis históricos nesse quesito.

Assim, o faturamento, tanto quanto seja possível, deve ser ampliado, e o número de funcionários, reduzido, sem que isso prejudique a operacionalidade da companhia.

POLÍTICA DE ESTOQUES, SUPRIMENTOS E LOGÍSTICA

Após o claro entendimento dos produtos a serem produzidos, da forma segundo a qual serão produzidos e de quem os produz, é fundamental o entendimento da gestão dos insumos necessários para a execução das tarefas, de quem eles são adquiridos e ainda como os produtos chegam ao cliente final.

Vamos estudar, nesta etapa do trabalho, as curvas ABC de matérias-primas e insumos, e dos fornecedores homologados.

19.1. Principais matérias-primas

Superar uma crise requer comportamento criativo, mas, também, muita disciplina nas rotinas. Sendo assim, o suprimento regular de matéria-prima é fator *sine qua non* para o retorno de uma empresa à sua normalidade operacional.

Numa situação de crise – ainda mais quando ela é aguda –, o abastecimento regular de matéria-prima acaba sendo comprometido.

Não basta apenas o ingresso da matéria-prima; ele deve ser regular para possibilitar o cumprimento das metas traçadas pelo PCP.

Para que as adversidades sejam superadas, o planejamento de suprimentos deve ser específico, balanceado e regular.

Outro fator a ser observado nessas circunstâncias é continuar adquirindo bons insumos, pois sempre devemos avaliar a frequência dos pedidos (comprar somente o necessário evitando a formação de estoques) e os preços praticados, evitando deprimir a qualidade.

Por tudo isso, o estudo detalhado do uso das matérias-primas e da produção faz parte do projeto de reestruturação da empresa. Ao balancear, regularizar e melhorar o recebimento das matérias-primas, aprimora-se a produção.

É necessário – para que essa gestão seja eficaz – que os grandes grupos de matéria-prima tenham o seu abastecimento regularizado primeiro. Trata-se de uma questão de foco e, para isso, faz-se necessário o estudo da curva ABC das principais matérias-primas. Vejamos um exemplo.

Principais Matérias-Primas

Relatório das Principais Matérias-Primas

Período: Janeiro/2009 a Dezembro/2010 – 01/01/2009 a 31/12/2010 – 24 Meses – Dia/Mês

Ranking	Código	Produtos	Quantidade	Valor R$	Valor Acumulado R$	Repres. % MP	Repres. % Total
1	10.750.339	Borracha EPDM 4703	988.000,0	6.889.092,67	6.889.092,67	9,3%	9,3%
2	10.850.285	Spheron 5000	1.719.450,0	6.532.843,42	13.421.936,09	8,8%	18,1%
3	10.850.030	Fio Twaron 1100 Z1	71.483,4	4.430.350,00	17.852.286,09	6,0%	24,1%
4	10.850.030	Gás Natural	25,0	3.493.126,81	21.345.412,90	4,7%	28,8%
5	10.850.030	Óleo Parafínico	1.042.407,0	3.392.150,90	24.737.563,80	4,6%	33,4%
6	10.850.279	Válvula h39-3010-0	247.834,0	2.496.236,97	27.233.800,77	3,4%	36,8%
7	10.850.037	Tubo fluido 947028	471.976,0	2.367.205,12	29.601.005,89	3,2%	40,0%
8	10.850.061	Tubo fluido 947040	433.132,0	2.144.853,38	31.745.859,27	2,9%	42,9%
9	10.030.010	Borr. Keltan Ep 55	307.500,0	2.076.969,20	33.822.828,47	2,8%	45,7%
10	10.030.110	Desmoldante	241.000,0	1.724.746,00	35.547.574,47	2,3%	48,0%
11	10.030.040	Borr. Neoprene W	84.300,0	1.575.044,10	37.122.618,57	2,1%	50,1%
12	10.030.060	Borracha Vamac HVG	49.675,0	1.501.157,18	38.623.775,75	2,0%	52,2%
13	30.071.502	Abrac. 23X12 Emp60	3.101.426,0	1.140.590,89	39.764.366,64	1,5%	53,7%
14	30.073.762	Borr. Fluorel Fc21	18.400,0	1.115.085,45	40.879.452,09	1,5%	55,2%
15	10.010.010	LP – 7	339.340,0	1.093.446,00	41.972.898,09	1,5%	56,7%
16	10.650.328	Óleo Combust. Bpf	808.710,0	1.019.089,82	42.991.987,91	1,4%	58,1%
17	10.070.010	Borr. Nitril. N740	76.203,0	936.342,91	43.928.330,82	1,3%	59,3%
18	10.750.164	Abrac. 49X15 Mola	1.118.810,0	912.162,17	44.840.492,99	1,2%	60,6%
19	10.070.020	Fio Technora T200/	9.394,0	684.901,95	45.525.394,94	0,9%	61,5%
20	DD000010	Hydrin C 75	38.110,5	675.874,75	46.201.269,69	0,9%	62,4%
21	10.020.110	T Plástico 15164-C	525.547,0	656.986,62	46.858.256,31	0,9%	63,3%
22	10.020.110	Acelerador DTDM	22.840,0	626.823,80	47.485.080,11	0,8%	64,1%
23	10.020.040	Quick conector GM	308.550,0	578.998,50	48.064.078,61	0,8%	64,9%
24	10.020.160	Flexg. 2120 25X580	510.545,0	560.394,05	48.624.472,66	0,8%	65,7%
25	10.020.425	Tinta Branco 38A1	1.865,0	527.981,50	49.152.454,16	0,7%	66,4%
26	10.020.425	Tubo Termoc. 1.1/4	181.350,0	522.654,00	49.675.108,16	0,7%	67,1%
27	10.020.425	Borr. Nitril. N 61	47.164,0	511.941,36	50.187.049,52	0,7%	67,8%
28	10.021.010	Abrac. 27X12 Mola	1.308.400,0	507.245,15	50.694.294,67	0,7%	68,5%
29	10.700.149	Óxido de Zinco	94.875,0	506.726,25	51.201.020,92	0,7%	69,2%
484	–	Outros – Diversos	18.517.332,0	22.835.479,92	74.036.500,84	30,8%	100%
513		Total		74.036.500,84		100%	

1) As compras realizadas no período (Jan./2009 a Dez./2010) de 24 meses é de R$ 74.036.500,84, onde 29 itens representam 69,2% do total comprado, e os outros 484 itens representam 30,8%.

2) Podemos observar que os 10 primeiros itens representam 48,0% (R$ 35.547.574,47) do total comprado no período (Jan./2009 a Dez./2010) de 24 meses, levando em consideração o período usado para análise de compras, a média mensal destes itens é de R$ 3.084.854,02. Já podemos apontar que a estratégia de redução nas compras inicia-se pelos 10 itens principais.

3) Para as principais MP´s, consideramos as contas: a) Embalagens; b) Industrialização; c) Manutenção de Máquinas; d) Mão de Obra – Industrialização; e) Matéria-Prima; f) Óleo.

4) Como base de cálculo, usamos os preços com impostos (ICMS e IPI).

5) Composição das Principais Matérias-Primas.

O exemplo dado denota que 29 itens respondem por 69,2% das compras, enquanto 484 itens vão representar os 30,8% restantes.

No trabalho para garantir o abastecimento regular, é óbvio que os itens que representam a maioria das compras devem ser priorizados com a atenção especial aos respectivos fornecedores.

19.2. Principais fornecedores

Durante o processo de reestruturação, é necessário saber quais são os principais fornecedores, para que a interlocução possa ser planejada e obtenham-se resultados condizentes com as necessidades da empresa.

Muitas vezes, o mesmo produto pode chegar à empresa por diversos fornecedores, que nem sempre são os fabricantes originais, mas intermediários e revendedores, cuja margem quase sempre aumenta os preços de aquisição.

Quando a crise se instaura, reduzir custos é imperativo.

Ao passo que a empresa mantém a preocupação apenas de girar suas operações – enquanto a crise não é admitida e tratada –, a operação é submetida a diversas mutilações.

Assim, por problemas de crédito, a empresa se vê impedida de operar com os fornecedores de primeira linha e é forçada a comprar de intermediários, o que lhe encarece o custo.

Quando a crise passa a ser tratada, quando não se tem mais nada a esconder ou contemporizar, o retorno ao abastecimento nos fornecedores primitivos é uma das primeiras medidas a adotar, pois, quase sempre, esses novos fornecimentos se darão à vista, prescindindo de análise de crédito.

Nesse sentido, a política de compras à vista, o fundiamento[10] das empresas em crise talvez seja o único obstáculo verdadeiramente

---

[10] Neologismo que significa buscar fundos para financiar.

intransponível para que o empresário conduza, ele mesmo, o processo de reestruturação de sua empresa. Sobre o tema, porém, falaremos mais adiante.

Vejamos, num exemplo prático, como se averigua a importância estratégica de um fornecedor.

Principais Fornecedores				
Relatório de Compras por Fornecedor				
Período: 01/08/2009 a 31/07/2010 – 12 Meses – Dia/Mês				
Ranking	Fornecedor	Valor R$	Repres. %	
			Produtos	Total
1	Barufe	2.248.922	17,8%	17,8%
2	Villares	1.951.477	15,4%	33,2%
3	Hobby	1.451.726	11,5%	44,7%
4	Titanium	563.088	4,5%	49,2%
5	Ims	305.548	2,4%	51,6%
6	Italfond	301.080	2,4%	54,0%
7	Clal	243.849	1,9%	55,9%
8	Gp	221.849	1,8%	57,7%
9	Jacquet	216.106	1,7%	59,4%
10	Shv Gas	208.968	1,7%	61,0%
11	B&S	207.045	1,6%	62,7%
12	Cladtek	177.057	1,4%	64,1%
13	Altona	171.204	1,4%	65,4%
14	Sverdrup	157.894	1,2%	66,7%
15	Superfinishing	153.909	1,2%	67,9%
16	Proaqt	148.767	1,2%	69,1%
17	Special Alloys	128.942	1,0%	70,1%
18	Ugitech	126.460	1,0%	71,1%
19	Siemens	126.047	1,0%	72,1%
20	Flow	112.227	0,9%	73,0%
21	Beck-Crespel	101.044	0,8%	73,8%
22	Ducorte	97.897	0,8%	74,6%
23	Arcelor Mittal-Imphy	95.645	0,8%	75,3%
24	Sp Service	92.946	0,7%	76,1%
25	Centertools	90.331	0,7%	76,8%
26	Utp	84.346	0,7%	77,4%
27	Jbs	82.773	0,7%	78,1%
28	Intramet	82.082	0,6%	78,8%
29	Ai Materials	75.100	0,6%	79,3%
389	Demais	2.609.436	20,7%	100,0%
418	Total	12.633.764	100,0%	

1) As compras dos últimos 12 meses. Cinquenta fornecedores representam 86,6% das compras do período.
2) A média mensal de compras da empresa está em R$ 1.065.892,98 (Matéria-Prima/Embalagens/Insumos Diversos/Serviços e Outros).

Dados Fornecidos – Controladoria

O mapeamento da importância e da essencialidade de cada um dos fornecedores pode iniciar uma política de aliança com determinados parceiros ou, até mesmo, dar ensejo a novas parcerias.

A análise dessa curva ABC deve ser crítica, pois determinadas empresas podem constar como grandes fornecedores não porque sejam uma boa opção, mas porque não se tem acesso direto às melhores fontes. É preciso muito critério nessa análise.

Admitindo-se, entretanto, que os fornecedores listados constituem uma boa alternativa de fornecimento, a administração do passivo junto a esses parceiros é algo imperativo.

Geralmente, os débitos com fornecedores não são os mais expressivos no passivo da empresa em crise. Por isso, sensibilizá-los, mostrando-lhes, de maneira clara, onde se está e aonde se quer chegar, costuma ser o melhor caminho para fortalecer a relação, até mesmo porque somente a sobrevivência da empresa poderá permitir que, um dia, ela retome o ritmo normal de compras e pagamentos.

19.3. Estoques

A atividade empresarial é um enorme quebra-cabeça, composto por dezenas, centenas e, às vezes, milhares de peças.

Para que tudo se encaixe e o produto chegue ao consumidor, são necessárias várias etapas, que exigem perfeitas sincronia e regência.

Nesse cenário, os estoques adquirem um grande relevo, na medida em que a falta de insumos compromete a operação e seu excesso deprime o capital de giro.

É necessário, desse modo, prover uma política adequada de estoques que contemple um *pulmão* para os itens críticos, aqueles que não possam ser entregues rapidamente, quer em virtude da distância do fornecedor, quer em função da sua limitação produtiva.

A empresa sempre deve manter um estoque de segurança com tais insumos, para permitir a regularidade do abastecimento.

No mais, não deve haver estoque; o planejamento de compras deve prover o necessário para o cumprimento do programa de produção.

19.4. Evolução dos preços das principais matérias-primas

Só quem já passou por dificuldades em sua empresa sabe o que vou falar agora: nos momentos de crise, é muito comum o empresário deixar alguns controles básicos em segundo plano. E isso soa até natural, já que ele tem diversas urgências para resolver.

Entretanto, alguns fatores básicos podem ter um impacto gigante no todo da organização. Um deles é o efeito das oscilações de preço das principais matérias-primas, que podem modificar o custo *standard*.

Num momento de reestruturação, convém analisar muito bem essas variações para viabilizar ou não o repasse ao preço final de vendas.

Quando há reajustes expressivos nas matérias-primas de determinado produto, isso deve ser repassado ao preço final, pois, do contrário, o resultado pode ser um colapso financeiro sem volta.

Entretanto, no afã de manter a empresa aberta e girando, nem sempre "detalhes" como esse são tratados no dia a dia.

19.5. Fretes

O intuito de toda a atividade industrial é produzir bens que sejam entregues e atendam às expectativas do consumidor, que, satisfeito, comprará novamente.

Não basta produzir bem, é necessário entregar o produto no prazo desejado e ao menor custo.

Como regra, nos últimos anos, as empresas passaram a concentrar seus esforços na sua operação fabril e comercial, ou seja, nas suas atividades principais, terceirizando, quando possível, os processos e serviços que dão suporte ao giro da empresa, tais como limpeza, manutenção e até mesmo frete.

Ocorre, entretanto, que, para ser competitivo, não se trata apenas de terceirizar, sendo essencial mensurar o desempenho dos prestadores de serviço e, deles, exigir a melhor relação custo-benefício.

Convém, desse modo, entender qual é a participação do frete na formação de preço e se, na prática, ele corresponde à realidade de mercado, bem como se é possível extrair ganhos dessa operação, seja por uma melhor negociação ou pela substituição do prestador de serviço.

19.6. Relação compras x faturamento

Toda companhia tem, ou pelo menos deveria ter, o registro formal e atualizado de tudo o que compõe os seus produtos.

Essa prática permite saber o valor proporcional do gasto com matéria-prima e insumos em relação ao faturamento, criando um índice que considero fundamental para gerenciar os processos de reestruturação.

Em uma conta simples, fica fácil mapear essa relação. Veja este exemplo: uma empresa faturou R$ 1.500.000,00 (um milhão e quinhentos mil reais), R$ 900.000,00 (novecentos mil reais) e R$ 1.200.000,00 (um milhão e duzentos mil reais) mês a mês; no último trimestre, obteve um faturamento total de R$ 3.600.000,00 (três milhões e seiscentos mil reais), numa média mensal de vendas de R$ 1.200.000,00 (um milhão e duzentos mil reais).

Se essa mesma empresa tiver comprado R$ 900.000,00 (novecentos mil reais), R$ 750.000,00 (setecentos e cinquenta mil reais) e R$ 600.000,00 (seiscentos mil reais), respectivamente, no mesmo período, terá pago a importância de R$ 2.250.000,00 (dois milhões, duzentos e cinquenta mil reais) totalizando uma média mensal de compras de R$ 750.000,00 (setecentos e cinquenta mil reais).

A divisão das vendas médias de R$ 1.200.000,00 (um milhão e duzentos mil reais) pelas compras médias de R$ 750.000,00 (setecentos e cinquenta mil reais) indica que 62,5% do valor faturado, em média, é utilizado para a compra de matéria-prima.

Vale salientar que, para a validade dessa análise, é necessário ponderar determinado intervalo de tempo, porque se a análise se der pontualmente em apenas um mês, o resultado pode ser distorcido.

O perigo da análise pontual, portanto, é tomar por verdadeiras e constantes premissas que representam uma fotografia momentânea da situação.

ASPECTOS ECONÔMICOS E FINANCEIROS DA OPERAÇÃO

Na leitura e, principalmente, na formulação dos indicadores econômicos da empresa, a simples experiência do empresário não é suficiente. Ingressamos num domínio exclusivamente técnico, onde a assessoria não é desejável: é imprescindível.

No Brasil, dado o elevado número de obrigações tributárias principais (recolhimento de impostos) e acessórias (preenchimento de diversas guias, informes e declarações), a contabilidade carrega a pecha de ser um aborrecimento, um transtorno e uma burocracia estéril para muitos empresários, especialmente os pequenos e médios.

O empresário, no entanto, esquece-se de que pode ter, nessa área, uma ferramenta de gestão poderosa, e não somente um ônus.

20.1. Análise dos demonstrativos contábeis

Partindo da premissa de que os balanços e balancetes da empresa sejam verídicos, sua análise minuciosa pode ser de grande valia para a identificação dos focos iniciais de anomalia.

A comparação de lucros e prejuízos, de ano a ano, é importante para que se faça a avaliação da *performance*, bem como da variação positiva ou negativa de suas principais contas.

A análise do lucro bruto, do custo dos produtos vendidos, das despesas comerciais, administrativas e financeiras, do lucro líquido e do prejuízo pode propiciar uma visão adequada da companhia.

Convém, ainda, estudar possibilidade de desmobilização de ativos contabilizados, a fim de reforçar o caixa e diminuir a necessidade de levantar recursos.

Num ambiente de descontrole, onde o que importa é a continuidade do giro das operações, muitas vezes, o empresário não atenta para o fato de que os recursos de que necessita podem estar dentro de casa, sob a forma de equipamentos ociosos; estoques de produtos acabados, ainda que desbalanceados; matéria-prima pouco utilizada; imóveis; ou participações em outras empresas.

20.2. Análise das margens

Além de analisar a variação das grandes contas, convém observar o comportamento da lucratividade da empresa e como isso impacta o seu patrimônio líquido.

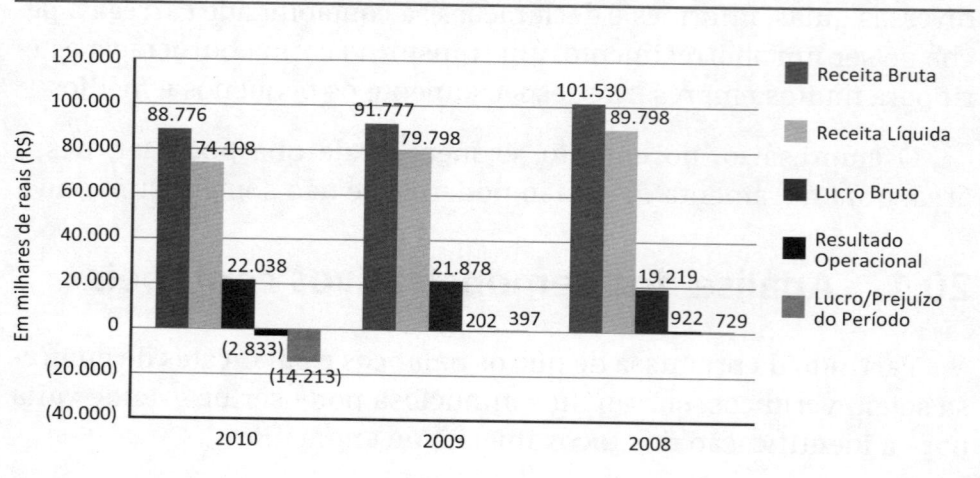

Margem de lucratividade

No exemplo dado, que é real, a grande parte dos indicadores – receita líquida, receita bruta, resultado operacional e lucro do período – vem se deteriorando, até desaguar em um resultado que chega a desafiar a sobrevivência da empresa se não for revertido.

20.3. *Markup*

Quanto custa? Qual é o preço, afinal? Essas perguntas fundamentais devem ser exatamente determinadas, não só na empresa que passa por crise, mas em qualquer outra.

Em linhas gerais, podemos enunciar a seguinte fórmula:

$$\text{preço de venda} = \text{custo} + markup$$

O custo é todo o gasto para a empresa produzir o produto ou para prestar o serviço que oferece. Já o *markup* é a margem estimada para cobrir os gastos não incluídos no custo, inclusive a margem de lucro.

Muitos empresários em dificuldades acreditam que, havendo capital de giro, não existam problemas. Porém, a verdade é que se a empresa está vendendo seus produtos por preços muito baixos e não tem margem de lucro, quanto maior for o seu faturamento, proporcional será o seu prejuízo. Para vender bem, o *markup* deve ser preciso!

Conheci, ao longo de todos esses anos trabalhando na recuperação e na consolidação de empresas, muitos empresários que desejam ver seu negócio em pleno funcionamento e, assim, investem muito capital, sem se importar muito com "detalhes" como a correta concepção do *markup*.

Entretanto, se o *markup* não estiver adequadamente formulado, contemplando todos os gastos - ao contrário de lucro -, assistiremos a um imenso prejuízo.

O dinheiro mal-empregado só agrava o problema, em vez de resolvê-lo, pois, quanto maior for o faturamento, maior será o buraco.

Dessa forma, os preços praticados devem ser compatíveis com a estrutura de custos e com os outros custos e a margem de lucro projetada. É por isso que, ao começar um projeto, faço – sempre que necessário – um realinhamento de preços, mesmo que isso ocasione alguma redução nas vendas e, consequentemente, da produção.

O empresário raciocina – quase sempre – com a variável do faturamento, quando sua bússola deveria ser o lucro.

Cabe ao empresário, portanto, pedir a seu contador um estudo acerca deste tema, pois as conclusões geradas sobre o *markup* são importantíssimas para o sucesso do processo de ajustes da companhia.

20.4. Indicadores financeiros

Além da análise dos aspectos econômicos da operação, um processo de reestruturação exige cuidados quanto ao manejo do caixa.

Uma empresa que tenha uma carteira de pedidos lucrativa e conceda aos seus clientes o prazo de noventa dias para pagamento e tenha trinta dias como prazo de compras, estará diante de uma situação economicamente adequada e financeiramente apertada.

Na hipótese dada, não obstante o lucro da operação, há um expressivo desencaixe de recursos que também merece toda a nossa atenção, especialmente num momento de crise, quando alguns aspectos financeiros chegam a preponderar sobre os econômicos.

Um exemplo dessa superioridade financeira é a desmobilização de estoques de baixa rotação, mesmo com a realização de prejuízo, pois certamente se reforça o capital de giro com recursos com os quais o caixa já não contava.

20.5. Financiamento natural

A empresa deve ter sempre como meta a compra de seus insumos e matéria-prima em um prazo muito superior à venda de seus produtos. O melhor dos mundos é receber o que se vende antes de pagar o que se compra.

Nessa hipótese, os próprios fornecedores *financiam* a atividade da empresa, livrando-a de buscar no mercado grandes somas para o seu capital de giro. Assim, poderá melhorar seu desempenho e minimizar ou evitar endividamento bancário.

Para determinarmos se há ou não o financiamento natural das operações, é essencial entender o prazo médio de compras e vendas.

Vejamos o caso concreto de determinada empresa que praticava, como prazo médio de vendas aproximado, em 2009, período de 29 dias.

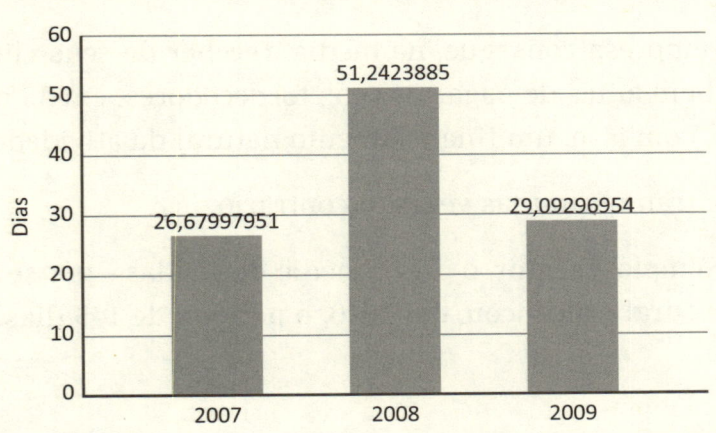

Prazo Médio de Vendas (PMV)

O prazo médio de vendas é o tempo médio que uma empresa leva para cobrar dos seus clientes aquilo que fatura. Em 2009, este prazo foi de 29 dias.

Fonte: Balanço Patrimonial e DRE

A mesma empresa, entretanto, possui como prazo médio de suas compras o período de 35 dias.

Prazo Médio de Compras (PMC)

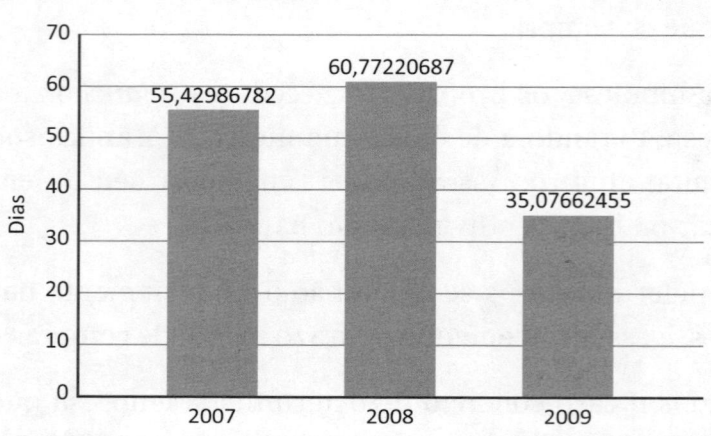

O prazo médio de compras é o período compreendido entre o momento em que foram efetuadas as compras e o momento de seu pagamento. Em 2009, este prazo foi de 35 dias.

Fonte: Balanço Patrimonial e DRE

A visualização dos gráficos expostos permite concluir que havia, no exercício de 2009, o chamado financiamento natural, ou seja, a empresa recebia de seus clientes antes mesmo de ter que pagar seus fornecedores e, não obstante, apresentou desequilíbrio econômico-financeiro e expressivo prejuízo operacional.

Essa empresa consegue, na média, receber de seus clientes em 29 dias, bem antes de pagar os seus fornecedores, em 35 dias, propiciando, com isso, um financiamento natural da atividade.

Encontramos, muitas vezes, o contrário.

No exemplo a seguir, o prazo médio de vendas – por se tratar de atividade rural – alcançou, em 2010, o período de 145 dias.

Prazo Médio de Vendas

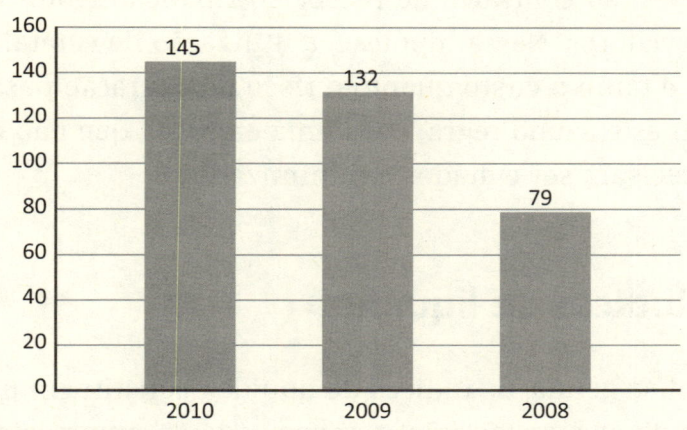

O prazo médio de vendas é o tempo médio que uma empresa leva para cobrar dos seus clientes aquilo que fatura. Em 2010, este prazo está em 145 dias.

Exatamente na direção contrária, o prazo médio de compras, em 2010, foi de apenas 78 dias, propiciando um desencaixe médio de 67 dias, o que representa uma montanha de dinheiro em virtude do faturamento dessa empresa.

Prazo Médio de Compras

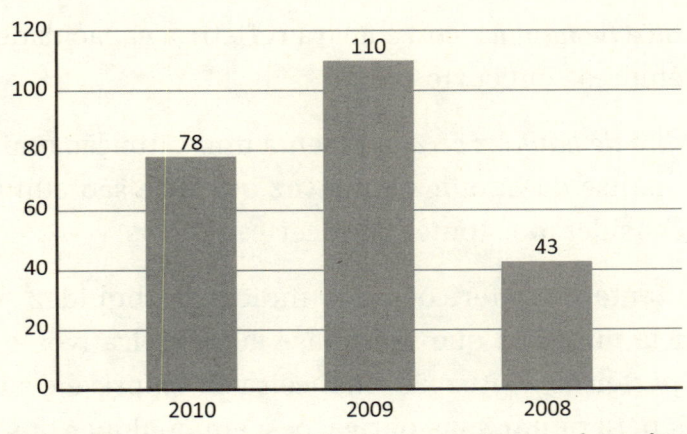

O prazo médio de compras é o período compreendido entre o momento em que foram efetuadas as compras e o momento de seu pagamento. Em 2010, este prazo está em 78 dias.

O exemplo dado denota um caso no qual a empresa financia os seus clientes, ao contrário de receber o financiamento natural de seus fornecedores. Nessa hipótese, a utilização de capital de giro é intensiva, e tanto o custo quanto o risco da operação passam a ser preocupantes e, como regra, para uma empresa que não dispõe de capital, precisam ser evitados e minimizados.

20.6. Índices de liquidez

Em linhas gerais, os índices de liquidez constituem um indicador capaz de atestar (ou não) a capacidade da empresa de honrar suas dívidas mediante o cotejo daquilo que pode realizar com o que lhe é exigido.

Existem vários índices de liquidez: a liquidez imediata, a liquidez seca, a liquidez corrente e a liquidez geral, sendo os últimos três índices os mais utilizados.

O *índice de liquidez geral* é utilizado para verificar a saúde financeira da empresa no longo prazo.

Já o *índice de liquidez corrente* irá refletir a capacidade de pagamento da empresa em curto prazo.

Já o *índice de liquidez seca* apresenta uma situação mais adequada para a análise da liquidez, uma vez que dele são eliminados os estoques, considerados fontes de incertezas.

A resultante das aferições dos índices de liquidez tem como consequência números que são quase autoexplicativos e que ilustram com perfeição a situação financeira da empresa e suas disponibilidades para quitar suas obrigações, em qualquer dos cenários.

20.7. Faturamento

O faturamento anual de uma companhia – quase sempre – não é linear, apresentando variações ao longo do ano. A depender do ramo de atividade, essas variações são significativas.

A compreensão do faturamento identificando seus picos e vales é fundamental para proteger o caixa em épocas de baixa e planejar a compra de insumos e matérias-primas quando a alta se avizinha.

Vale comparar, para uma análise da *performance*, os períodos idênticos de determinado exercício, para uma empresa que comercializa moda masculina, em virtude do Dia dos Pais. Assim, comparar julho e agosto de um ano com o mesmo período do exercício precedente ou subsequente constitui um exercício necessário de onde se podem extrair conclusões importantes.

ENDIVIDAMENTO

Para que o plano de reestruturação seja concluído e implementado, na sequência da análise da operação, é fundamental entender o endividamento total da empresa.

Esse levantamento precisa ser exato na medida em que a inexatidão dos dados mina a credibilidade no momento da negociação.

Já vivi situações delicadíssimas porque o empresário e seu diretor-financeiro "se esqueceram" de determinadas dívidas justamente com as instituições que iriam financiar o dia a dia do projeto de reestruturação, o que daí resultou foi terrível. Iniciou-se um projeto capenga que desembocou numa recuperação judicial.

A analogia com a saúde novamente se impõe.

O empresário que oculta passivos equivale ao doente que frauda os resultados do próprio exame.

Procedendo-se assim, só se perdem tempo, energia e credibilidade. Por pior que seja a situação, deve ser toda descrita, pois ela é o ponto de partida para os ajustes na operação que, por seu turno, indicarão a capacidade de pagamento e o prazo no qual o endividamento deve ser fracionado.

A empresa em crise, usualmente, possui dívidas fiscais, trabalhistas, com fornecedores de serviços ou produtos e financeiras (bancos, *factorings,* Fundo de Direitos Creditórios (FIDCs) ou particulares).

Como a prioridade de uma empresa em crise é a defesa do caixa, consideramos apenas as dívidas que não são autoliquidáveis e demandarão desembolso futuro, desprezando, por exemplo, as duplicatas e os cheques pré-datados descontados, e cujas respectivas mercadorias foram entregues aos clientes.

Vejamos, em linhas gerais, como se compõe o endividamento.

21.1. Passivo fiscal

Todo contribuinte – pessoa física ou jurídica – tem várias obrigações para com o poder público. Elas são principais (pagamento de tributos, contribuições e taxas) e acessórias (declarações de rendimento e outras).

A dívida fiscal se origina de um imperativo legal, seja ele no âmbito federal, estadual ou municipal. Assim é uma dívida que se contrai quando sua conduta tipifica um "fato gerador" ou quando não se cumpre uma obrigação acessória e o Poder Público aplicará uma penalidade em decorrência disso, como a não entrega da declaração de imposto de renda pelas pessoas físicas.

No caso das empresas, o passivo fiscal é de fácil apuração, bastando, para isso, que se aglutine a soma dos tributos devidos e não pagos, bem como as eventuais multas decorrentes da falta de cumprimento de alguma obrigação legal.

A dívida fiscal não é passível de negociação; ela poderá ser parcelada mediante prazos e condições estabelecidos em lei.

O fisco – ao contrário de engajar-se no processo de recuperação de empresas que atravessam dificuldades – as pune severamente com pesadas multas e encargos, por vezes impagáveis.

Muito embora já se tenha caminhado no sentido de sensibilizar o poder público a conceder condições especiais a empresas em dificuldades financeiras – como, aliás, consta da Lei n. 11.101 de 25 de fevereiro de 2005 –, ele vem se mantendo irredutível e intolerante.

Assim, a mensuração do passivo fiscal ensejará – na estratégia a ser traçada no plano de reestruturação – um pedido de parcelamento. Também é um tema de fácil entendimento, uma vez que o passivo com fornecedores ou prestadores de serviços igualmente diz respeito a um levantamento contábil das contas a pagar.

21.2. Passivo com fornecedores

A dívida com fornecedores de produtos e serviços – com uma estrutura mínima de controle – também não apresenta dificuldades na sua apuração.

O passivo com fornecedores, entretanto, merece redobrada atenção por vários motivos, que passam pela possibilidade de requerimento da falência do devedor e pela necessidade de manter intacta a relação de fornecimento quando não houver alternativa razoável ou ainda quando os fornecedores forem homologados pelo cliente final.

Normalmente, entretanto, o fornecedor, se lhe for feita uma proposta razoável, tenderá a aceitá-la, pois – tão importante quanto receber o que é devido –, muitas vezes, é a manutenção do cliente.

Quando inicio qualquer negociação com um fornecedor, gosto, sempre, de colocar a situação sob uma perspectiva temporal. Não raramente, a empresa compra do mesmo fornecedor há cinco, dez ou até mesmo quinze anos, e o débito atual é uma ínfima parte dos negócios realizados ao longo do tempo. Essa verdade, com a qual esbarro sempre, desarma os espíritos e abre caminho para o entendimento.

Ressalte-se, entretanto, que isso não equivale a relativizar a dívida, ao contrário, seja ela de R$ 1,00 ou de R$ 100.000.000,00, o credor faz jus àquilo que é seu e ponto final. É necessário apenas que se criem condições para a devolução desse capital; ele tem de caber na capacidade de pagamento da empresa.

21.3. Credores financeiros

Os credores financeiros – salvo os informais – possuem uma estrutura mais profissionalizada e a interlocução flui mais, o que não significa que seja mais fácil.

Tanto a inadimplência quanto a impontualidade ou moratória fazem parte do negócio dos credores financeiros formais; quem empresta vai, fatalmente, deixar de reaver uma parcela do seu crédito. É do jogo.

Esses credores, portanto, não se assustam ou se alteram com a necessidade de repactuação de determinados compromissos, e a sua decisão de renegociar ou não os termos da dívida será baseada naquilo que melhor atender o seu interesse, pois poderão optar pela discussão judicial já visando levar o montante a prejuízo e com o seu aproveitamento fiscal.

O inconveniente – na hipótese de discussão judicial – é a necessidade de provisão junto ao Banco Central.

Já quanto aos credores informais, não haverá nenhuma facilidade para o acordo, curiosamente, por razões bastante distintas.

Há uma categoria de credores financeiros informais, advinda de pessoas próximas ao empresário, normalmente parentes, cuja liquidação normalmente pretende se privilegiar.

No extremo oposto, encontram-se os oportunistas e até mesmo os agiotas de plantão, que sequer desejam ouvir falar em repactuação. Não, eu não fui infeliz na redação, não quis dizer que não "aceitam" a repactuação, na verdade eles nem "consideram" essa hipótese, não creem justa a postergação do pagamento do capital e, principalmente, dos juros. Estamos, aí, no império da truculência que jamais deve ser aceita, na medida em que, com uma abordagem firme, certa e baseada na lei, eles podem ser "persuadidos" a compor um acordo.

É importante – para a manutenção da credibilidade – que o plano não contenha privilégios ou benefícios na ordem e na velocidade dos credores a serem pagos. Dessa forma, os parentes e os possíveis agiotas jamais devem ser os primeiros da lista, por uma questão de conveniência ou receio.

21.4. Credores trabalhistas

Normalmente, o passivo trabalhista mais expressivo não aparece no início do planejamento, mas tende a aumentar durante o processo de reestruturação da empresa, na medida em que ajustes e dispensas vão sendo necessários.

A inexistência de caixa por si não pode obstar o processo de racionalização do contingente de pessoal, uma vez que é mais respeitoso, inclusive sob o aspecto humano, promover um corte e salvar a empresa que se manter inerte assistindo à quebra.

As verbas e os direitos trabalhistas – quando a empresa não tem como quitar as rescisões dos contratos de trabalho – poderão ser pagos mediante acordos, individuais ou coletivos, detalhadamente estudados para que a dívida seja liquidada e os desgastes se minimizem.

CONTINGÊNCIAS E RESTRIÇÕES

A palavra *contingência* tem como sinônimo *eventualidade*; trata-se da possibilidade de que algo aconteça ou não.

Para nós, no âmbito de nosso trabalho, é a possibilidade que determinado evento venha a cristalizar uma obrigação e, por consequência, seja fonte de desembolsos futuros.

As contingências – ajuizadas ou não – devem ser medidas de modo que se possa prever o respectivo desembolso, a fim de não prejudicar os gastos correntes (folha, compra de matéria-prima, pagamento de serviços terceirizados etc.) que impactam a operação.

O condutor do processo de reestruturação deve sempre antecipar os fatos, negociando os parcelamentos e implementando as barreiras jurídicas que defendem o caixa da empresa.

Durante o processo de reestruturação, não se pode conceber que o capital de giro obtido venha a responder por obrigações imprevistas, em vez de financiar a operação, uma vez que – além dos transtornos inerentes a essa situação hipotética – isso certamente geraria desconfiança nos parceiros financeiros.

Tudo tem de ser previsto, como em uma partida de xadrez; sempre antecipar as jogadas, como manda a técnica refinada desse jogo.

Além das contingências, é necessário que sejam levantadas, igualmente, as restrições cadastrais da empresa no mercado por ocasião da elaboração do plano.

Assim, todos os protestos, cheques devolvidos e apontamentos de atraso devem ser identificados e escrupulosamente avaliados na sua pertinência.

Devem ser objeto de análise detida, também, os apontamentos de débito bancário quanto à sua extensão, pertinência e exigibilidade.

As restrições cadastrais, no mais das vezes, afastam os agentes financeiros e acabam por inviabilizar a continuidade dos negócios com bancos e FIDICs. As *factorings* são mais tolerantes com os restritivos.

Numa crise aguda, com o fluxo de caixa estrangulado e restrições de crédito, dificilmente o empresário conseguirá conduzir a empresa sem ajuda externa.

CONCEPÇÃO DO PLANO

capítulo **23**

O plano de reestruturação consiste, basicamente, em uma série de simulações e metas a serem alcançadas para que o empresário supere a crise. O primeiro passo para isso, com base nas informações colhidas, é confeccionar o fluxo de caixa da operação atual.

Assim, a simulação do impacto de todas as mudanças recai sobre o fluxo de caixa atual, que irá denotar a extensão e a gravidade da crise, bem como a análise das medidas necessárias para revertê-la.

A tomada de providências dependerá da situação revelada pelo fluxo de caixa da operação atual, e a gradação das medidas corretivas será proporcional à gravidade da crise.

Não se pretende escapar do fato de que cada organização tem as suas peculiaridades, com diferentes estruturas, o que inviabiliza a obtenção de um modelo rígido de ajuste. Assim, por exemplo, o peso da mão de obra será preponderante em alguns negócios, enquanto, para outros, não; assim, se o passivo não for tão grande, o ajuste não precisará ser tão profundo. Enfim, cada caso é um caso.

Empresas têm diferentes comportamentos e maneiras de serem administradas, porém, o empresário poderá formular um fluxo de caixa compatível com todas as variáveis e particularidades da companhia. Recomenda-se, quanto possível, que o modelo de fluxo seja baseado no plano de contas da empresa para facilitar tanto o entendimento presente quanto o acompanhamento futuro.

Quando esse estudo é desenvolvido, a realidade vem à tona. Normalmente, o fluxo de caixa atual aponta um resultado de caixa negativo, e tomar contato com essa realidade é o caminho para que a situação se reverta. O exame meticuloso da situação, por pior que ela seja, é fator preponderante para se trilhar um caminho menos sinuoso.

Se o fluxo de caixa for positivo – o que raramente se encontra –, a renegociação e o alongamento da dívida serão o suficiente para a superação da dificuldade.

Assim que a situação atual do caixa for compreendida, todos os profissionais de cada área serão convidados a sugerir medidas saneadoras, e o impacto de cada uma delas é medido num fluxo de caixa que simulará a operação futura.

O objetivo, sempre, como já se repetiu diversas vezes, é a ampliação ou a geração do lucro e a extensão dos prazos dos compromissos, ou seja, dos passivos.

Para ampliar o resultado positivo ou reverter o negativo, a operação terá de se assentar em novas premissas; terá de ser refeita integralmente.

Normalmente, a reestruturação da operação se baseia nas seguintes premissas:

- Diminuição de inadimplência, devoluções e bonificações
- Diminuição da despesa financeira
- Redução da relação entre a matéria-prima e o preço de venda

- Redução da folha
- Redução de despesas administrativas e comerciais
- Redução de retiradas ou pró-labore
- Revisão geral de custos fixos e contatos
- Alongamento do passivo

Além dessas premissas, comumente utilizadas, há peculiaridades em cada caso concreto e, acima de tudo, aspectos comerciais que escapam a uma formulação genérica.

As premissas citadas não são exaustivas, mas exemplificativas, podendo – aliás – devendo, o empresário, introduzir no processo de reestruturação as variáveis que a situação concreta exigir.

Tamanha é a necessidade de uma postura criativa, que posso dizer, sem medo de errar, que nunca vi nenhuma empresa se recuperar exclusivamente com apoio no corte de despesas e implementação de um ambiente de austeridade; isso é necessário, porém, não é suficiente.

Usualmente, após a acomodação da situação, com o refreamento da crise, é necessário colocar em curso estratégias destinadas a rentabilizar e aumentar vendas.

Vamos, por ora, deter-nos nas premissas acima.

23.1. Redução da inadimplência, devoluções e bonificações

No enfrentamento inicial da crise, é necessário traçar como meta a defesa do caixa e dos recursos nele alocados, sejam eles da antiga operação ou dos novos parceiros financeiros.

Desse modo, todo o dispêndio, toda a obrigação que puder impactar, ainda que em um momento futuro, o caixa da empresa deve ser objeto de atenção e cuidado.

A convivência com uma política de crédito frouxa, com a permissividade no tratamento das devoluções e com a prodigalidade em conceder descontos deve pertencer ao passado.

23.2. Redução da despesa financeira

Como já disse um economista: não existe almoço grátis.

O custo e, principalmente, o acesso ao capital estão ligados à confiança que o agente financeiro possui em reaver seu dinheiro. Eles dependem da percepção do risco.

Assim, o custo do capital será mais acessível na proporção da solidez da empresa ou da robustez do seu plano de reestruturação.

Vale ressaltar, também, que, muitas vezes, os empresários se debatem numa luta inglória pela redução das taxas de desconto, esquecendo-se, entretanto, do serviço da dívida, esse que frequentemente inviabiliza o negócio.

Quanto mais claras forem as intenções e as metas da empresa, e a forma de alcançá-las, maior será o acesso ao crédito, a juros e a fatores mais razoáveis.

Precisamos ter consciência, portanto, de que a elaboração de um planejamento consistente não é só uma medida de boa técnica, mas também, no fim das contas, um modo de angariar credibilidade e, consequentemente, reduzir custos.

23.3. Redução da relação faturamento *versus* matéria-prima

No âmbito de um processo de crise, é fundamental, como já se esclareceu, trilhar sempre o caminho da redução de despesas e da racionalização da operação.

Na maioria das empresas industriais, a aquisição de matéria-prima e insumos de produção é o maior desembolso da operação e, portanto, exige sempre atenção e esforços redobrados.

A admissão da crise abre uma janela de oportunidade para que a empresa reveja, de um modo franco e objetivo, a relação com seus fornecedores.

Na rotina dos projetos conduzidos por nossa equipe, além de promover a cotação geral de todos os itens adquiridos, passamos a efetuar, por intermédio de contratos de fomento, as compras à vista, reduzindo, sobremaneira, os preços pagos.

A redução de preços não se dá somente pela isenção do custo financeiro, mas também pelo custo de oportunidade, pois há como realizar ótimos negócios mediante amplas cotações de mercado para pagamento à vista. O valor despendido com a contratação dos fomentos é amplamente recuperado.

Além do ajuste nas compras, há que se avaliar, igualmente, a necessidade e a possibilidade de majorar os preços de venda, recompondo ou ampliando a margem de lucro.

A adoção de ambos os procedimentos enseja a diminuição da representatividade da matéria-prima no faturamento total da companhia, contribuindo significativamente para a superação da dificuldade.

23.4. Redução das despesas com pessoal

A redução do desembolso com a folha de pagamento e os seus consequentes benefícios deve ser expressiva, a fim de propiciar uma economia expressiva e consequente para que não prejudique a operação.

Toda e qualquer medida adotada num processo de reestruturação deve ter suas consequências medidas e, no médio e longo prazos, seus efeitos devem se manter. Muitas empresas, no afã de reduzir custos, optam por demissões sem critério que, mais dia menos dia, têm de ser revistas, redundando na desmoralização do processo.

23.5. Redução das despesas administrativas e comerciais

Como todas as despesas da empresa, as administrativas e comerciais também devem ser alvo de profunda revisão.

Desse modo, diversas categorias de despesas devem ser analisadas de modo aprofundado, sob a ótica da austeridade, ainda que despesas com manutenção e conservação de equipamentos e veículos, bem como gastos com estadias e viagens, cheguem mesmo ao gasto racional de verbas publicitárias.

Tudo deve ser repensado e revisto de modo a que os desembolsos sejam diminuídos e, como consequência, o resultado, ampliado.

É de se advertir, como já o fizemos anteriormente, que os cortes devem ser inteligentes, preservando-se, sempre, a relação custo-benefício. Não se trata de cortar por cortar, as medidas devem ser coerentes no curto, médio e longo prazos.

23.6. Redução de pró-labore

Se a empresa está cortando toda sorte de custos e despesas, não é coerente ou lógica a manutenção do pagamento de honorários aos sócios e aos diretores.

Além de medida moralizadora, há uma redução na saída de recursos. A redução do pagamento dos diretores constitui uma mensagem clara a toda a organização, no sentido de que o ajuste é sério e definitivo.

23.7. Revisão de contratos e redução do custo fixo

Outra medida saneadora a ser implementada em todos os projetos é a completa revisão das contratações da empresa, seja na prestação de serviços, na concessão de mão de obra terceirizada ou ainda em consultorias e assessorias em geral.

Uma boa política, usualmente, é modificar a forma de contratação, pautando, sempre que possível, a remuneração do prestador de serviço ao resultado proposto.

É necessário, igualmente, cotar todos os contratos com outras empresas, a fim de aquilatar se o preço e as condições de trabalho estão dentro da realidade do mercado.

Convém ainda ponderar, no estágio de crise, se o serviço é *útil* ou *essencial* sendo que, se a crise for muito aguda, somente esses poderão ser mantidos.

Finalmente, todos os desembolsos que representam custo fixo devem ser avaliados, como dissemos, sob a ótica da sua essencialidade. Trata-se de uma batalha de vida ou morte, e defender o caixa é vital para a perpetuidade do negócio.

23.8. Extensão de prazos

Em conjunto com todo o trabalho de identificação dos aspectos a serem modificados na operação para aumentar o lucro da empresa, os compromissos financeiros da empresa merecem atenção e tratamento no sentido de alongá-los.

Na teoria, o passivo deveria ser estendido pelo número de meses resultantes da divisão de seu valor total pelo lucro mensal; assim, se uma empresa deve 100 e ganha 10 por mês, o passivo seria pago em dez meses. Na prática, isso acaba não sendo tão simples, pois as dívidas são corrigidas e não há um critério único para a majoração.

Em geral, se uma empresa tem muitos credores, vários tipos de negociações podem gerar bons resultados, porém, outras podem apresentar dificuldades.

Durante uma crise, podemos encontrar pessoas civilizadas e até mesmo solidárias; mas, infelizmente, há credores desprovidos de tais qualidades e acabam tentando tirar proveito da situação quando se trata de prazos e condições de pagamento.

Devido a isso, as contingências (os imprevistos) devem ser contabilizadas, apesar da dificuldade de medi-las. Por exemplo, não há como mensurar as consequências de uma ação trabalhista. Entretanto, tais fatores precisam ser analisados para que o plano alcance sucesso.

Além de estimar o prazo para a liquidação do passivo, a forma em que os compromissos serão liquidados também faz parte do plano. Há várias opções, podendo-se negociar com os credores individual ou coletivamente, ou, até mesmo, por intermédio da Justiça.

O fornecedor de matéria-prima quer garantir seu negócio e os bancos desejam continuar a relação. Não é de interesse dos credores perder a empresa como cliente. Novamente, contando com esses fatores, um bom planejamento leva ao sucesso da superação da crise.

A negociação das dívidas não deve afetar a relação comercial, mas fortalecer os laços, com acordos que atendam às necessidades de ambas as partes. Sendo assim, a negociação individual talvez seja a melhor opção, já que, na coletiva, o processo é mais burocrático e distante.

Enfim, mais uma vez vale ressaltar a importância do bom senso e da cautela. Ao reconhecer o período de crise, calma e planejamento serão os guias para superá-lo. O importante é defender a empresa, reestruturar, reerguer e obter sucesso.

PLANO DE REESTRUTURAÇÃO

Para atuar, em qualquer área, precisamos entender sempre o contexto de nossas ações e sua repercussão. A mesma atitude deve ser assumida durante todo o processo de reestruturação de uma empresa. Afinal, sabemos que quando algo não vai bem, os sintomas da crise ficam evidentes. Entretanto, sem um profundo entendimento de suas razões e da lógica da própria operação em curso, não há como implementar alternativas de soluções.

Assim, todas as informações obtidas auxiliam a compor um completo mosaico da empresa com problemas. As informações coletadas são como peças de um imenso quebra-cabeças, disposto de tal forma que deve ser montado segundo a habilidade de quem trata e interpreta esses dados.

Sempre é importante reforçar que o trabalho de reestruturação é, integralmente, multidisciplinar, ou seja, exige atuação em todos os aspectos da operação que tenham repercussão financeira.

O processo de reestruturação implica o questionamento dos métodos de trabalho e, muitas vezes, o redesenho total da empresa, modificando desde a sua gestão comercial até o perfil da dívida; da política de suprimentos à utilização de mão de obra. Todo momento crítico exige que a companhia seja passada a limpo, repensada, repaginada e redefinida.

Nas próximas páginas, veremos o exemplo de plano que sintetiza as ações a serem adotadas para sublimar a dificuldade. No entanto, para conseguirmos medir a repercussão e, até mesmo, calibrarmos a intensidade de determinadas ações, faz-se necessário obter uma fotografia da situação atual.

Assim, entender o comportamento da operação é o ponto de partida para implementar as mudanças. No exemplo a seguir, utilizaremos um fluxo de caixa que traduz a situação atual e outro que projeta uma condição futura. Ambos foram concebidos com o objetivo de evidenciar como a reversão da adversidade pode ser planejada.

O *case* – na verdade parcialmente fictício –, embora simples e quase estilizado, traduz perfeitamente quais são as medidas normalmente exigidas, bem como a forma de sua implementação.

O leitor, doravante, é apresentado a "Biscoitos Anglais S/A", tradicional indústria alimentícia localizada na Região Sul, cujo perfil comercial inclui a exportação regular de parte de seus produtos para os países vizinhos, sem deixar de atender a demanda regional.

A empresa apresenta um faturamento constante da ordem de R$ 809.000,00 (oitocentos e nove mil reais) e acumulou um endividamento de R$ 410.000,00 (quatrocentos e dez mil reais) com bancos, fornecedores e *factorings* que está estrangulando sensivelmente o seu fluxo de caixa.

O caso – repito – é singelo, bem simples mesmo; porém, sugiro ao leitor a máxima atenção à forma de condução do processo, mais do que ao seu conteúdo propriamente dito, na medida em que se trata de operação simulada e concebida propositalmente para ser didática, propiciando o entendimento da mecânica da operação.

Vejamos, desse modo, o comportamento das finanças da empresa por intermédio de seu fluxo de caixa.

Biscoitos Anglais – Operação atual

	Dívida	Maio-10	Jun-10	Jul-10	Ago-10	Set-10	Out-10	Nov-10	Dez-10	Total 2010
Entradas										
1	**Receita Total**									
1.1	Vendas Mercado Interno		700.000	700.000	700.000	700.000	700.000	700.000	700.000	700.000	5.600.000
1.2	Venda de Resíduos e Sucatas		9.256	9.256	9.256	9.256	9.256	9.256	9.256	9.256	74.046
1.3	Vendas Mercado Externo		100.000	100.000	100.000	100.000	100.000	100.000	100.000	100.000	800.000
	Total Vendas		809.256	809.256	809.256	809.256	809.256	809.256	809.256	809.256	6.474.046
1.3	ICMS		-126.000	-126.000	-126.000	-126.000	-126.000	-126.000	-126.000	-126.000	-1.008.000
1.4	PIS/COFINS		-64.750	-64.750	-64.750	-64.750	-64.750	-64.750	-64.750	-64.750	-518.000
	Total Impostos		-190.750	-190.750	-190.750	-190.750	-190.750	-190.750	-190.750	-190.750	-1.526.000
1.5	Devoluções		-32.550	-32.550	-32.550	-32.550	-32.550	-32.550	-32.550	-32.550	-260.400
1.6	Descontos e Bonificações		-1.500	-1.500	-1.500	-1.500	-1.500	-1.500	-1.500	-1.500	-12.000
	Total Devoluções/Descontos/Bonificações		-34.050	-34.050	-34.050	-34.050	-34.050	-34.050	-34.050	-34.050	-272.400
1.7	Despesas Financeiras		-28.324	-28.324	-28.324	-28.324	-28.324	-28.324	-28.324	-28.324	-226.592
	Entrada Líquida	0	556.132	556.132	556.132	556.132	556.132	556.132	556.132	556.132	4.449.054
Saídas										
2	**Custo dos Produtos Vendidos**										
2.1	Matéria-Prima Mercado Interno		-278.000	-278.000	-278.000	-278.000	-278.000	-278.000	-278.000	-278.000	-2.224.000
2.2	Matéria-Prima Mercado Externo		-97.000	-97.000	-97.000	-97.000	-97.000	-97.000	-97.000	-97.000	-776.000
2.3	Caixa de Papelão		-28.000	-28.000	-28.000	-28.000	-28.000	-28.000	-28.000	-28.000	-224.000
2.4	Embalagem Plástica		-62.000	-62.000	-62.000	-62.000	-62.000	-62.000	-62.000	-62.000	-496.000
2.5	Produto Complementar de Embalagem		-1.000	-1.000	-1.000	-1.000	-1.000	-1.000	-1.000	-1.000	-8.000
	Total Custo dos Produtos Vendidos	0	-466.000	-466.000	-466.000	-466.000	-466.000	-466.000	-466.000	-466.000	-3.728.000
3	**Concessionárias**										
3.1	Energia		-2.000	-2.000	-2.000	-2.000	-2.000	-2.000	-2.000	-2.000	-16.000
3.3	Telefonia		-500	-500	-500	-500	-500	-500	-500	-500	-4.000
	Total Concessionárias	0	-2.500	-2.500	-2.500	-2.500	-2.500	-2.500	-2.500	-2.500	-20.000
4	**Departamento Pessoal (Diretos e Indiretos)**										
4.1	Salários Administração		-30.000	-30.000	-30.000	-30.000	-30.000	-30.000	-30.000	-30.000	-240.000
4.2	*Pró-Labore*		-15.000	-15.000	-15.000	-15.000	-15.000	-15.000	-15.000	-15.000	-120.000
4.3	Horas Extras e Adicionais		-1.500	-1.500	-1.500	-1.500	-1.500	-1.500	-1.500	-1.500	-12.000
4.4	Gratificações a Empregados		-1.000	-1.000	-1.000	-1.000	-1.000	-1.000	-1.000	-1.000	-8.000
4.5	INSS		-8.640	-8.640	-8.640	-8.640	-8.640	-8.640	-8.640	-8.640	-69.120
4.6	FGTS		-2.400	-2.400	-2.400	-2.400	-2.400	-2.400	-2.400	-2.400	-19.200
4.7	Benefícios		-3.000	-3.000	-3.000	-3.000	-3.000	-3.000	-3.000	-3.000	-24.000
4.8	13º Salário		0	0	0	0	0	0	-15.000	-15.000	-30.000
4.9	Férias		-3.333	-3.333	-3.333	-3.333	-3.333	-3.333	-3.333	-3.333	-26.664
4.10	Alimentação		-1.700	-1.700	-1.700	-1.700	-1.700	-1.700	-1.700	-1.700	-13.600
4.11	Aviso-Prévio e Indenizações		-800	-800	-800	-800	-800	-800	-800	-800	-6.400
4.12	Benefícios Diversos		-1.200	-1.200	-1.200	-1.200	-1.200	-1.200	-1.200	-1.200	-9.600
	Total Departamento Pessoal	0	-68.573	-68.573	-68.573	-68.573	-68.573	-68.573	-83.573	-83.573	-578.584
5	**Despesas Administrativas / Comerciais**										
5.1	Aluguéis de Imóveis		-8.000	-8.000	-8.000	-8.000	-8.000	-8.000	-8.000	-8.000	-64.000
5.2	IPTU		-1.650	-1.650	-1.650	-1.650	-1.650	-1.650	-1.650	-1.650	-13.200
5.3	Serviços Terceirizados		-3.000	-3.000	-3.000	-3.000	-3.000	-3.000	-3.000	-3.000	-24.000
5.4	Comissões sobre vendas		-14.000	-14.000	-14.000	-14.000	-14.000	-14.000	-14.000	-14.000	-112.000
5.5	Despesas com Veículos		-7.000	-7.000	-7.000	-7.000	-7.000	-7.000	-7.000	-7.000	-56.000
5.6	Fretes		-21.000	-21.000	-21.000	-21.000	-21.000	-21.000	-21.000	-21.000	-168.000
5.7	Manutenção e Conservação		-1.750	-1.750	-1.750	-1.750	-1.750	-1.750	-1.750	-1.750	-14.000
5.8	Viagens e Estadias		-800	-800	-800	-800	-800	-800	-800	-800	-6.400
5.9	Propaganda e Publicidade		-500	-500	-500	-500	-500	-500	-500	-500	-4.000
5.12	Outras Despesas		-2.500	-2.500	-2.500	-2.500	-2.500	-2.500	-2.500	-2.500	-20.000
5.13	Seguros		-1.000	-1.000	-1.000	-1.000	-1.000	-1.000	-1.000	-1.000	-8.000
	Total Outras Despesas	0	-61.200	-61.200	-61.200	-61.200	-61.200	-61.200	-61.200	-61.200	-489.600
	Resultado Antes do Pagamento da Dívida		-42.141	-42.141	-42.141	-42.141	-42.141	-42.141	-57.141	-57.141	-367.130
6	**Estágio Atual do Endividamento**										
6.1	Bancos	150.000	-75.000	-75.000	0	0	0	0	0	0	-150.000
6.2	Fornecedores	130.000	-65.000	-65.000	0	0	0	0	0	0	-130.000
6.3	*Factorings* – Pré-Faturamento	70.000	-23.333	-23.333	-23.333	0	0	0	0	0	-70.000
6.4	Empréstimos Pessoais	60.000	-20.000	-20.000	-20.000	0	0	0	0	0	-60.000
	Total Desembolso com Dívida	410.000	-183.333	-183.333	-43.333	0	0	0	0	0	-410.000
Total Geral das Despesas		410.000	-781.606	-781.606	-641.606	-598.273	-598.273	-598.273	-613.273	-613.273	-5.226.184
Déficit de Caixa		410.000	-225.475	-225.475	-85.475	-42.141	-42.141	-42.141	-57.141	-57.141	-777.130
Resultado Acumulado			-225.475	-450.949	-536.424	-578.565	-620.706	-662.847	-719.989	-777.130	

Vimos, pela montagem e pela observação do fluxo de caixa, que o resultado financeiro da operação é negativo, na maioria dos meses, em R$ 42.141,00 (quarenta e dois mil, cento e quarenta e um reais), fato agravado nos meses de novembro e dezembro em virtude do pagamento do 13º salário.

A empresa sofre um déficit, no período estudado, no total de R$ 367.130,00 (trezentos e sessenta e sete mil, cento e trinta reais).

É fundamental o leitor entender que, para sublimar a adversidade, o ponto de partida é alcançar o equilíbrio e promover as sobras no caixa para o pagamento da dívida.

No nosso exemplo, além de perder dinheiro mês a mês, o endividamento, nos termos em que se encontra pactuado, amplia ainda mais a pressão sobre o caixa, elevando o déficit para R$ 777.130,00 (setecentos e setenta e sete mil, cento e trinta reais).

Nesse passo, o trabalho de soerguimento da empresa exige a atuação em duas frentes: a reestruturação da operação, de modo a torná-la lucrativa, e, ao mesmo tempo, a renegociação da dívida, com o objetivo de pagá-la com o resultado operacional.

A perpetuidade do negócio somente pode ser alcançada com um trabalho bem-sucedido em ambos os *fronts*, pois, se a dívida for renegociada, mas o prejuízo perdurar, a empresa não se salvará. Da mesma forma, mesmo a operação se tornando levemente superavitária, sem que a exigência de curtíssimo prazo seja modificada, não haverá como superar o impasse.

Vejamos, numa situação concreta, como isso pode se dar.

Biscoitos Anglais – Operação Planejada

	Dívida	Carência	Meses	Maio-10	Jun-10	Jul-10	Ago-10	Set-10	Out-10	Nov-10	Dez-10	Total 2010
Entradas												
1 Receita Total												
1.1 Vendas Mercado Interno				700.000	700.000	700.000	700.000	700.000	700.000	700.000	700.000	5.600.000
1.2 Venda de Resíduos e Sucatas				9.256	9.256	9.256	9.256	9.256	9.256	9.256	9.256	74.046
1.3 Vendas Mercado Externo				0	0	0	0	0	0	0	0	0
Total Vendas				709.256	709.256	709.256	709.256	709.256	709.256	709.256	709.256	5.674.046
1.3 ICMS				-126.000	-126.000	-126.000	-126.000	-126.000	-126.000	-126.000	-126.000	-1.008.000
1.4 PIS/COFINS				-64.750	-64.750	-64.750	-64.750	-64.750	-64.750	-64.750	-64.750	-518.000
Total Impostos				-190.750	-190.750	-190.750	-190.750	-190.750	-190.750	-190.750	-190.750	-1.526.000
1.5 Devoluções				0	0	0	0	0	0	0	0	0
1.6 Descontos e Bonificações				-1.200	-1.200	-1.200	-1.200	-1.200	-1.200	-1.200	-1.200	-9.600
Total Devoluções/Descontos/Bonificações				-1.200	-1.200	-1.200	-1.200	-1.200	-1.200	-1.200	-1.200	-9.600
Despesas Financeiras				-14.185	-14.185	-14.185	-14.185	-14.185	-14.185	-14.185	-14.185	-113.481
Entrada Líquida	0			503.121	503.121	503.121	503.121	503.121	503.121	503.121	503.121	4.024.965
Saídas												
2 Custo dos Produtos Vendidos												
2.1 Matéria-Prima Mercado Interno				-243.130	-243.130	-243.130	-243.130	-243.130	-243.130	-243.130	-243.130	-1.945.041
2.2 Matéria-Prima Mercado Externo				0	0	0	0	0	0	0	0	0
2.3 Caixa de Papelão				-28.000	-28.000	-28.000	-28.000	-28.000	-28.000	-28.000	-28.000	-224.000
2.4 Embalagem Plástica				-62.000	-62.000	-62.000	-62.000	-62.000	-62.000	-62.000	-62.000	-496.000
2.5 Produto Complementar de Embalagem				-1.000	-1.000	-1.000	-1.000	-1.000	-1.000	-1.000	-1.000	-8.000
Total Custo dos Produtos Vendidos	0			-334.130	-334.130	-334.130	-334.130	-334.130	-334.130	-334.130	-334.130	-2.673.041
3 Concessionárias												
3.1 Energia				-2.000	-2.000	-2.000	-2.000	-2.000	-2.000	-2.000	-2.000	-16.000
3.3 Telefonia				-500	-500	-500	-500	-500	-500	-500	-500	-4.000
Total Concessionárias	0			-2.500	-2.500	-2.500	-2.500	-2.500	-2.500	-2.500	-2.500	-20.000
4 Departamento Pessoal (Diretos e Indiretos)												
4.1 Salários Administração				-24.000	-24.000	-24.000	-24.000	-24.000	-24.000	-24.000	-24.000	-192.000
4.2 Pró-Labore				-12.000	-12.000	-12.000	-12.000	-12.000	-12.000	-12.000	-12.000	-96.000
4.3 Horas Extras e Adicionais				-1.200	-1.200	-1.200	-1.200	-1.200	-1.200	-1.200	-1.200	-9.600
4.4 Gratificações a Empregados				-800	-800	-800	-800	-800	-800	-800	-800	-6.400
4.5 INSS				-6.912	-6.912	-6.912	-6.912	-6.912	-6.912	-6.912	-6.912	-55.296
4.6 FGTS				-1.920	-1.920	-1.920	-1.920	-1.920	-1.920	-1.920	-1.920	-15.360
4.7 Benefícios				-2.400	-2.400	-2.400	-2.400	-2.400	-2.400	-2.400	-2.400	-19.200
4.8 13º Salário				0	0	0	0	0	0	-12.000	-12.000	-24.000
4.9 Férias				-2.666	-2.666	-2.666	-2.666	-2.666	-2.666	-2.666	-2.666	-21.331
4.10 Alimentação				-1.360	-1.360	-1.360	-1.360	-1.360	-1.360	-1.360	-1.360	-10.880
4.11 Aviso-Prévio e Indenizações				-30.000	-640	-640	-640	-640	-640	-640	-640	-34.480
4.12 Benefícios Diversos				-960	-960	-960	-960	-960	-960	-960	-960	-7.680
Total Departamento Pessoal	0			-84.218	-54.858	-54.858	-54.858	-54.858	-54.858	-66.858	-66.858	-492.227
5 Despesas Administrativas / Comerciais												
5.1 Aluguéis de Imóveis				-8.000	-8.000	-8.000	-8.000	-8.000	-8.000	-8.000	-8.000	-64.000
5.2 IPTU				-1.650	-1.650	-1.650	-1.650	-1.650	-1.650	-1.650	-1.650	-13.200
5.3 Serviços Terceirizados				-2.100	-2.100	-2.100	-2.100	-2.100	-2.100	-2.100	-2.100	-16.800
5.4 Comissões sobre vendas				-9.800	-9.800	-9.800	-9.800	-9.800	-9.800	-9.800	-9.800	-78.400
5.5 Despesas com Veículos				-4.900	-4.900	-4.900	-4.900	-4.900	-4.900	-4.900	-4.900	-39.200
5.6 Fretes				-14.700	-14.700	-14.700	-14.700	-14.700	-14.700	-14.700	-14.700	-117.600
5.7 Manutenção e Conservação				-1.225	-1.225	-1.225	-1.225	-1.225	-1.225	-1.225	-1.225	-9.800
5.8 Viagens e Estadias				-560	-560	-560	-560	-560	-560	-560	-560	-4.480
5.9 Propaganda e Publicidade				-350	-350	-350	-350	-350	-350	-350	-350	-2.800
5.12 Outras Despesas				-1.750	-1.750	-1.750	-1.750	-1.750	-1.750	-1.750	-1.750	-14.000
5.13 Seguros				-1.000	-1.000	-1.000	-1.000	-1.000	-1.000	-1.000	-1.000	-8.000
Total Outras Despesas	0			-46.035	-46.035	-46.035	-46.035	-46.035	-46.035	-46.035	-46.035	-368.280
Resultado Antes do Pagamento da Dívida				36.237	65.597	65.597	65.597	65.597	65.597	53.597	53.597	471.417
6 Redesenho do Endividamento												
6.1 Bancos	150.000	1	7	0	-21.429	-21.429	-21.429	-21.429	-21.429	-21.429	-21.429	-150.000
6.2 Fornecedores	130.000	1	7	0	-18.571	-18.571	-18.571	-18.571	-18.571	-18.571	-18.571	-130.000
6.3 Factorings – Pré-Faturamento	70.000	1	7	0	-10.000	-10.000	-10.000	-10.000	-10.000	-10.000	-10.000	-70.000
6.4 Empréstimos Pessoais	60.000	1	7	0	-8.571	-8.571	-8.571	-8.571	-8.571	-8.571	-8.571	-60.000
Total Desembolso com Dívida	410.000			0	-58.571	-58.571	-58.571	-58.571	-58.571	-58.571	-58.571	-410.000
Total Geral das Saídas	410.000			-466.883	-496.095	-496.095	-496.095	-496.095	-496.095	-508.095	-508.095	-3.963.548
Superávit de Caixa	410.000			36.237	7.026	7.026	7.026	7.026	7.026	-4.974	-4.974	61.417
Resultado Acumulado				36.237	43.263	50.289	57.314	64.340	71.366	66.391	61.417	

Premissas:

1.3 Eliminação de vendas mercado externo

1.5 Eliminações das devoluções

1.6 Redução dos descontos e das bonificações em 20%

1.7 Redução nas despesas financeiras de 3,5% para 2%

2.1 Redução na matéria-prima mercado interno de 39,73% para 34,73%

2.2 Eliminação na matéria-prima mercado externo

4 Redução de 20% na folha de pagamento

4.2 Redução do pró-labore de R$ 15.000 para R$ 10.000

5.3 – 5.12 Redução de 30% nas despesas administrativas/comerciais; exceto Aluguéis, IPTU, Comissões e Seguros

6.1 Alongamento do passivo Bancos em 7 parcelas e 1 mês de carência

6.4 Alongamento do passivo Fornecedores em 7 parcelas e 1 mês de carência

6.6 Alongamento do passivo Factorings em 7 parcelas e 1 mês de carência

6.7 Alongamento do passivo Cheques Não compensados em 7 parcelas e 1 mês de carência

Vê-se que a reversão do panorama, embora possível, implica um imenso esforço e a adoção de diversas ações convergentes nas esferas comercial e produtiva, assim como na gestão financeira da empresa.

É importante salientar que a modificação estrutural e toda negociação que venha a se realizar só serão possíveis em virtude do planejamento da operação futura. Ainda que as metas não sejam totalmente alcançadas, é possível refazer a planificação e adaptá-la a situações supervenientes. Só não se consegue reestruturar uma empresa às cegas, sem medir a resultante dos esforços empreendidos.

Veremos, doravante, que todos os aspectos da operação devem ser mensurados, a fim de que as ações propostas resultem em algo consequente e factível.

Vamos acompanhar, passo a passo, como e por que o caixa da empresa migra de um valor negativo de R$ 777.130,00 (setecentos e setenta e sete mil, cento e trinta reais) para um superávit de R$ 61.417,00 (sessenta e um mil, quatrocentos e dezessete reais) após a quitação de todas as dívidas.

O trabalho teve como premissas: mudança de foco comercial da empresa, passando a atender somente o mercado nacional; eliminação das devoluções; redução da política de descontos e bonificações; diminuição da participação da matéria-prima no custo total do produto; queda de 20% da folha de pagamento; redução do pró-labore; decréscimo das despesas administrativas e comerciais; e alongamento do passivo.

Veremos, adiante, como cada uma dessas medidas foi planejada e tem impacto no caixa.

24.1. Foco no mercado interno

Embora o *case* em estudo seja fictício, não posso deixar de confessar que ele, digamos, se inspira em algumas situações reais e atualíssimas.

Num passado recente, realizei diversos diagnósticos nos quais a atuação no mercado externo, ao contrário de contribuir para o resultado positivo da operação, acabava por drenar a margem de contribuição das vendas feitas dentro do País.

Isso ocorre, pois, embora os preços das matérias-primas tenham se comportado com relativa estabilidade nos últimos tempos, houve uma expressiva apreciação cambial. Ou seja, o real se valorizou de tal modo que as vendas externas que sempre representaram uma fonte de lucro da companhia – um festejado canal de vendas – tornaram-se um mau negócio...

Para alguns empresários, instaurou-se um sério dilema: devo manter ou não viva a área de comércio exterior?

Nós, no Brasil, estamos vivendo uma situação, senão de todo inédita, bastante peculiar, pois foram raros os períodos em que o real manteve-se tão forte, afinal estamos mais acostumados a um processo de depreciação cambial que sempre facilitou as exportações.

Sabedor dessas idas e vindas cambiais, o empresário reluta em abandonar a sua operação externa, ainda que ela seja claramente deficitária, pois acredita que pode, no futuro, continuar a ser uma fonte de geração de riqueza. Ocorre, entretanto, que há limites para o desejo de perpetuar a área de comércio exterior e, neste momento da economia, várias empresas estão perdendo rios de dinheiro em nome de manter viva a sua qualidade de "exportadora".

Vale comentar, apenas para registro, que, atualmente, há situações nas quais não somente perdemos a competitividade externa, como os concorrentes que outrora derrotávamos lá fora estão mais competitivos e presentes no Brasil, roubando mercado, riqueza e empregos.

Voltando à nossa empresa, a opção foi, pura e simplesmente, abdicar da colocação de seus produtos no exterior, centrando todas as forças no mercado interno, porque apenas a matéria-prima empregada para produzir os itens exportados representava 97% do preço de venda.

Essa decisão tem como consequência a queda do faturamento, mas, em contrapartida, permite uma grande racionalização da operação; além, evidentemente, de deixar de drenar o resultado propiciado pela venda do mercado interno.

Veremos, nos tópicos subsequentes, os efeitos práticos dessa opção estratégica no caixa da companhia.

24.2. Eliminação das devoluções

Quando se lida com alimentos, o controle do *shelf life* (tempo de validade ou vida útil do produto) é de extrema importância por dois motivos: o primeiro é a existência de vidas humanas em jogo, algo que agrega muita responsabilidade ao setor; o segundo é o hábito dos comerciantes de devolver mercadorias em determinados períodos que precedem o vencimento, a fim de evitar qualquer tipo de prejuízo.

Assim, para acomodar essa situação, diversas empresas possuem uma gigantesca logística reversa destinada a recolher e providenciar a reposição de produtos prestes a vencer nos pontos de vendas. Quem não possui um trabalho tão eficaz nesta área acaba experimentando, de um modo ou de outro, as perdas e os grandes prejuízos decorrentes das devoluções.

A solução para minimizar o problema, no exemplo proposto, reside no acompanhamento, pelos promotores e repositores, do giro da mercadoria no ponto de venda, efetuando, sempre que a validade ficar perigosamente próxima, ações destinadas a escoar o estoque.

Existem empresas que contam com verdadeiros exércitos de repositores e promotores que atuam no acompanhamento e na gestão da vida útil dos produtos, algumas até com o monitoramento, em tempo real, dos estoques nos principais pontos de venda.

Essa sofisticação, entretanto, não é permitida à "Biscoitos Anglais", que opera regionalmente e atende estabelecimentos mais modestos.

O controle do giro dos produtos e a sua constante renovação precisam ser realizados pelos próprios vendedores que, ao visitar periodicamente o cliente, podem e, inclusive, devem observar os estoques existentes – na medida em que se opera apenas com pequenos varejos –, para o produto não perder a validade ou deixar de girar na prateleira.

A gestão das devoluções – no nosso *case* – fica adstrita à própria equipe de vendas que se incumbiu de realizar a meta de eliminar devoluções. Essa situação, ressalte-se, é apenas teórica, pois, no dia a dia das operações, esse feito dificilmente seria conseguido.

24.3. Descontos e bonificações

Além de equacionar a incidência das devoluções, é também necessária uma política consequente na concessão de descontos e bonificações.

Num passado não muito remoto, o foco da atenção dos varejistas era tão somente obter uma *performance* adequada na operação, comprando e vendendo pelo melhor preço possível, e, com o advento da chegada de novos competidores ao mercado, o fornecedor acabou propiciando uma nova e atualmente inesgotável fonte de receita.

Assim, são frequentes as cobranças de verbas para a introdução de novos produtos, inauguração de lojas, promoções e outros tantos recursos que a criatividade do varejista e a necessidade do fornecedor em escoar sua produção têm permitido.

Essas verbas normalmente são pagas mediante descontos nos produtos fornecidos ou sob a modalidade de um fornecimento sem cobrança, ou seja, bonificado.

A concessão de descontos e bonificações deve, necessariamente, seguir um critério de avaliação da relação custo-benefício para permitir a manutenção da rentabilidade, não comprometendo o resultado da operação.

No *case* em estudo, a redução do item descontos e bonificações foi de 20%, diminuindo o valor do desembolso de R$ 1.500,00 (mil e quinhentos reais) mensais para R$ 1.200,00 (mil e duzentos reais) mensais.

24.4. Redução de despesas financeiras

Quando há uma crise instaurada, quase sempre ela é perceptível, e os parceiros financeiros da empresa não tardam em identificá-la, passando a precificar o risco por intermédio da cobrança de taxas superiores à média do mercado. A manutenção de custos financeiros altos implica, quase na totalidade dos casos, a drenagem do resultado operacional.

Nesse sentido, nem sempre se pode recorrer à sensibilidade do parceiro financeiro para reduzir taxas e fatores, sendo, muitas vezes, necessária a modificação dos bancos, *factorings* e FIDCs (Fundos de Investimento em Direitos Creditórios) com os quais se opera, pois, do contrário, nada pode ser alcançado.

Convém, nesse aspecto, ser muito claro no sentido de que, para a obtenção de novos parceiros financeiros e/ou a melhoria das condições de operação nos atuais, é fundamental o quesito credibilidade, geralmente em baixa quando se mergulha na crise.

Assim, a obtenção de recursos e o seu barateamento dependerão, sempre, da expectativa do interlocutor financeiro em reaver o capital disponibilizado e, quanto mais claras estiverem as intenções do empresário e maior for a sua transparência, maiores chances ele terá de conseguir recursos novos a custos melhores.

O advento dos FIDCs tem propiciado uma inédita e saudável concorrência com as instituições financeiras regulamentadas pelo Banco Central, em benefício das empresas tomadoras de recursos, e podemos dizer, sem medo de errar, que atualmente há mais dinheiro à disposição do que recebíveis para desconto, o que enseja a diminuição de taxas.

No nosso *case*, foi projetada uma diminuição do custo financeiro de 3,5% para 2,0% ao mês.

24.5. Redução da relação entre matéria-prima e preço de venda

Assim como os bancos, os fornecedores de produtos e serviços também farejam, ao longe, a precariedade financeira e tratam logo de se precaver contra futuras inadimplências e sobressaltos no recebimento.

A condução dessa estratégia "defensiva" passa quase sempre pela diminuição dos prazos e pelo aumento dos preços dos produtos, de modo a criar uma "gordura" que possa ser utilizada para diminuir ou eliminar o impacto de futuras inadimplências.

Desse modo, quando uma empresa inicia o seu processo de reestruturação, é natural que repense a pertinência de manter ou não os atuais fornecedores ou, ao contrário, iniciar novas parcerias que possam representar a diminuição de seus custos, a fim de que a relação faturamento/matéria-prima seja a menor possível.

Como afirmamos constantemente ao longo deste livro, é necessário que se tenha o desprendimento de inovar e obter soluções diferenciadas para as questões cotidianas. Como disse Albert Einstein, em uma de suas mais conhecidas citações: insanidade é continuar fazendo sempre a mesma coisa e esperar resultados diferentes.

O que é pernicioso para a operação deve ser, de um modo ou de outro, modificado, posto que, do contrário, a empresa não conseguirá se soerguer.

Além da seleção de novos fornecedores, a relação faturamento/ matéria-prima também pode ser alterada, pela mudança da modalidade de compras, substituindo o prazo pelo pagamento à vista, quando o resultante disso for viável. Nessa situação, além da dedução do custo financeiro, pode-se obter a eliminação do sobrepreço, que caracteriza as operações de risco maior.

Finalmente, outro modo de diminuir a participação da matéria-prima no preço do produto final é aumentar, se o mercado permitir, os preços de venda.

Há situações, inclusive, nas quais a situação deficitária de uma empresa decorre, quase exclusivamente, de suas baixas margens e dos preços praticados. Nesses casos, não há como escapar do processo de recomposição dos preços, o qual, por sua vez, implica automaticamente redução da relação entre faturamento e matéria-prima.

Embora correndo o risco de perder faturamento, muitas vezes, a recomposição de margens é não somente salutar, mas também inevitável, já que a perda de mercado é mais que compensada pelo enxugamento da estrutura e a racionalização das operações, bem como a ampliação do resultado operacional.

No nosso exemplo, temos como variáveis a participação da matéria-prima sobre o faturamento, tanto no mercado interno quanto no externo.

A participação da matéria-prima no preço do produto para o mercado interno caiu de 39,73% para 34,73%, representando uma redução de cinco pontos percentuais. Já a variável do mercado externo foi desconsiderada, pois, estrategicamente, a empresa optou por abandonar as exportações de seus produtos.

24.6. Redução da folha

Quando se está montando o quebra-cabeça para saber como e quando a empresa ingressa no patamar de equilíbrio financeiro, faz-se necessário, em primeiro lugar, entender e tratar as grandes despesas da operação. É importante atuar, num primeiro momento, nas contas que, se diminuídas, propiciarão uma economia substancial à empresa.

Nesse passo, além do dispêndio com matéria-prima, outra forma de desembolso que exige o melhor de nossa atenção é o pagamento das despesas com pessoal.

Geralmente, o próprio empresário é consciente do excesso de contingente; porém, até mesmo por sua precariedade financeira, não consegue arcar com os custos da rescisão e, consequentemente, acaba carregando nas costas esse contingente excessivo, desnecessário e, muitas vezes, hostil, visto que pressente a dispensa iminente.

Em outras ocasiões, especialmente nas empresas familiares, desenvolve-se uma zona de conforto, onde determinado contingente de funcionários é incumbido de executar determinadas tarefas sem que se questione ao longo do tempo se aquela disposição, aquele modelo é ou não o que se aplica melhor à situação.

Essa zona de conforto reflete uma postura paternalista, muitas vezes permeada por vínculos afetivos, e se constitui num dos fatores que impedem que se veja o óbvio, aquilo que de fora todos enxergam, ou seja, de que há inchaço na estrutura. A percepção do empresário é distorcida adiando sempre o necessário ajuste.

No primeiro caso, a falta de recursos para prover o pagamento das rescisões dos contratos de trabalho dos funcionários não pode, sob nenhum pretexto, imobilizar o empresário, eis que, em muitos segmentos econômicos, os sindicatos de trabalhadores homologam a rescisão do contrato de trabalho e o respectivo parcelamento, com as ressalvas legais no termo de quitação.

Caso não seja possível promover a homologação da rescisão do contrato de trabalho perante o sindicato dos funcionários, pode-se encaminhar o assunto para o Judiciário, por intermédio de uma reclamação trabalhista, individual ou coletiva, na qual as partes são livres e soberanas para efetuar o acordo que melhor atender aos seus interesses.

A "Biscoitos Anglais", entretanto, não precisou recorrer ao fracionamento do pagamento das rescisões trabalhistas, na medida em que obteve carência de trinta dias para o pagamento de suas outras dívidas, possibilitando, desse modo, o pagamento pontual dos débitos e a homologação das rescisões dos contratos de trabalho.

Embora o custo das dispensas seja normalmente elevado, o seu *payback* (retorno do investimento) é normalmente rápido e, se o pagamento for fracionado, essa ação pode, inclusive, redundar na manutenção do caixa sem agravá-lo por conta das demissões.

Vale esclarecer, igualmente, que redução da massa salarial implica diminuição dos custos em cascata, na medida em que tem reflexos em encargos sociais, benefícios como assistência médica e vale-refeição, dentre outros, além de possibilitar, sempre que os níveis hierárquicos são diminuídos, um melhor fluxo de informações e uma operação, no final das contas, mais racional e ágil.

No segundo caso, evidenciada a oportunidade para a racionalização, o empresário deve manter uma postura profissional e zelar pelos interesses da coletividade em detrimento dos gostos, das afeições ou das predileções pessoais.

Assim, a gestão dos Recursos Humanos da empresa deve ser pautada pela necessidade de se contar com determinado contingente, bem como a possibilidade para tanto.

Realizou-se, na "Biscoitos Anglais S/A", uma redução de 20% do valor da folha e, consequentemente, experimenta-se o efeito "cascata" em todas as verbas e encargos relacionados ao pagamento do pessoal, salvo as rescisões trabalhistas.

24.7. Redução de pró-labore

Para que um processo de reestruturação seja bem-sucedido, deve contar com a adesão do público interno, devendo-se principiar pela equipe que dirige a empresa. A máxima segundo a qual o exemplo deve vir de cima é pertinente, atual e apropriada especialmente para uma situação de crise.

Dessa forma, num momento de dificuldade, todos devem oferecer a sua contribuição, a fim de que os gastos sejam deprimidos de modo que o equilíbrio financeiro seja mais facilmente alcançado.

Quando há empenho pessoal dos dirigentes da empresa – traduzido em sacrifício de seus interesses pessoais –, o nível de comprometimento da equipe é potencializado, na medida em que se tem claro que o caminho para se atingir o objetivo, por mais íngreme que seja, é trilhado por todos, sem nenhuma exceção.

Assim, a redução do pró-labore, além de representar de modo prático a diminuição de uma despesa, e só por isso já ter seu valor, torna-se ainda mais estratégico por sinalizar para todos o envolvimento dos próprios dirigentes na superação das dificuldades da empresa.

No caso em estudo, há uma expressiva redução do pagamento dos dirigentes da empresa, que veem suas retiradas diminuídas de R$ 15.000,00 (quinze mil reais) para R$ 10.000,00 (dez mil reais), dando não somente a sua contribuição prática na redução dos custos, mas, acima de tudo, o exemplo.

24.8. Redução de despesas administrativas e comerciais

Além da folha, das matérias-primas e dos insumos utilizados no processo, há uma série de despesas nas quais a empresa incorre, algumas de natureza fixa, outras de cunho variável, que também reclamam uma adequada racionalização dos gastos.

Diversos desses gastos, entretanto, dificilmente podem ser minimizados a exemplo do que ocorre com o pagamento de aluguéis ou IPTU, mas, no sentido diverso, os serviços terceirizados podem ser renegociados, despesas com veículos, manutenção, viagens e estadias, e diversos outros desembolsos não só podem como devem ser analisados, racionalizados e diminuídos conforme, inclusive, consta do plano de reestruturação da "Biscoitos Anglais".

Todo e qualquer custo, em um contexto de privação de recursos, merece ser revisto, discutido e reavaliado sob a ótica da sobrevivência da empresa. Trata-se, na realidade, de uma verdadeira guerrilha, onde tudo aquilo que não seja iminentemente operacional deve ser rediscutido.

Desse modo – exceto aluguéis, IPTU e seguros –, todos os itens das despesas administrativas e comerciais do nosso *case* foram reduzidos em 30%, ressalvando, entretanto, que as despesas com frete e comissões foram diminuídas não por conta de um corte linear, mas em virtude da diminuição proporcional dos volumes transportados pela eliminação da carteira de exportações da empresa.

24.9. Alongamento do passivo

Promovidas todas as modificações na estrutura do negócio para a torná-lo mais leve e lucrativo, é necessário atacar a asfixia do caixa e tornar o endividamento compatível com a geração de resultados, a ponto de ele ser diluído.

Mesmo que as mudanças efetuadas na operação a tornem mais leve e lucrativa, se o passivo de curtíssimo, curto e médio prazos não for redesenhado, a estratégia está fadada a malograr.

O endividamento, no nosso exemplo, não constitui exatamente um grande desafio de negociação, ao contrário, trata-se de uma operação simples, com uma dívida singela de R$ 410.000,00 (quatrocentos e dez mil reais), numa operação com o faturamento de R$ 709.256,00 (setecentos e nove mil, duzentos e cinquenta e seis reais), nada, portanto, muito expressivo.

A dívida da empresa foi contratada com bancos, fornecedores, terceiros (mútuos) e *factorings* decorrentes da reemissão de duplicatas.

Normalmente, quem se encontra em crise acumula passivos cujas resolução e negociação têm complexidade proporcional à gravidade da situação, numa gradação que passa pela dívida tributária na crise menos aguda, até a emissão de duplicatas frias, no desespero do empresário ao ver-se envolto em dificuldade de grandes proporções.

Há uma metodologia aplicável para a renegociação de cada uma das situações citadas, sendo fundamental, no entanto, tratar todas as classes de dívida de maneira justa e inseridas num contexto de clareza e razoabilidade.

Vejamos, assim, como tratar cada categoria de endividamento.

24.9.1. *Endividamento bancário*

As dívidas bancárias, dependendo da instituição onde foram contratadas, são tratadas com uma boa dose de razoabilidade e profissionalismo. O processo de negociação será influenciado, entretanto, por fatores que incluem as garantias oferecidas para a dívida, o histórico da empresa no banco, o conceito do empresário como gestor, além das circunstâncias que ensejaram a necessidade de renegociação.

O banco, quando solicitado a renegociar um compromisso, mesmo a contragosto, atenderá ao pedido se isso facilitar, na sua ótica, o retorno do capital, pois, do contrário, opta pela execução e, em alguns casos, até mesmo pelo requerimento da falência do devedor.

As instituições financeiras sentem-se mais ou menos confortáveis em remanejar dívidas se os débitos estiveram garantidos por bens pessoais dos sócios ou de terceiros, ou, ainda, por bens da própria empresa com grande liquidez, ou seja, que possam ser vendidos rapidamente em caso de execução da dívida.

No nosso caso, o empresário não possui bens desalienados que possam servir de garantia – sua casa e seu carro são financiados –, restando a alternativa de agregar, como garantia, equipamentos da empresa que servirão de lastro para a dívida, na hipótese de inadimplência.

Ademais, a "Biscoitos Anglais" já se relaciona com o banco desde o início de suas atividades e, além de propiciar retorno na forma do pagamento de juros, é uma boa fonte de receita para a instituição financeira também por pagar tarifas por diversos serviços de maneira direta, na sua operação, ou indiretamente, pois é responsável pela folha de pagamento dos funcionários da empresa.

O titular da empresa, por sua vez, goza de bom conceito na praça, nada havendo que o desabone, além de sempre ter honrado seus compromissos.

Finalmente, a necessidade de reprogramação do débito se deu por motivos operacionais, pois a operação da empresa vinha apresentando déficits – como vimos – basicamente por conta de uma estrutura pesada e por sua presença no mercado externo numa realidade cambial adversa. Compreendem-se, portanto, as motivações do empresário.

Muitas vezes, ao contrário de razões legítimas, determinadas empresas solicitam a repactuação de dívidas em função do estrangulamento de caixa ocasionado por grandes retiradas ou por investimentos em negócios que não guardam conexão com o seu objeto social, casos nos quais a apreciação da renegociação é feita com rigor e cautela maiores.

No nosso exemplo, o processo de repactuação foi bem conduzido, e a dívida, fracionada em sete parcelas, com carência de trinta dias para o início dos pagamentos.

24.9.2. *Endividamento com fornecedores*

Havendo ou não endividamento bancário, quase toda empresa mantém com seus fornecedores limites de crédito, cujo giro implica a liberação de novas compras de maneira sucessiva e rotativa.

Quando, em virtude da inadimplência, os pagamentos são interrompidos, esse "limite" deixa, na grande parte dos casos, de ser rotativo, e o fornecimento de bens e serviços – dependendo da intensidade da inadimplência ou da forma segundo a qual ela é tratada – simplesmente cessa.

As operações cotidianas saem de um patamar de regularidade e passam a ser tratadas como um verdadeiro conflito de interesses, no qual o importante para o fornecedor, no mais das vezes, é precaver-se do pior sem medir as consequências de sua conduta.

Nesse momento, são fundamentais a clareza e a abertura de parte a parte, para que haja um entendimento adequado da situação, a interlocução de ser franca e objetiva, a fim de propiciar ao fornecedor o panorama da situação, até para que ele possa auxiliar na solução do problema.

Ao longo dos anos já vi de tudo, desde fornecedores irascíveis que se importam, exclusivamente, com o recebimento dos seus créditos, pouco ligando se a ausência da negociação redundará na paralisação das atividades do cliente, até fornecedores que prontamente dilataram seus prazos e, provisoriamente, chegaram a subsidiar as operações.

A interlocução e a composição dos interesses são, quase sempre, o melhor caminho para ambos.

Do lado do devedor, é necessário alongar o endividamento que estrangula a operação e, pelo lado do credor, além de viabilizar o recebimento do que lhe é devido, preservar o seu canal de vendas, pois hoje, com o nível de concorrência em determinados segmentos, é mais barato proporcionar condições diferenciadas ao cliente que deseja se recuperar do que conquistar outro cliente.

Obteve-se, no plano estudado, o alongamento da dívida com fornecedores em sete parcelas, com trinta dias de carência.

24.9.3. Pré-emissão de duplicatas

A renegociação dos débitos mantidos com as *factorings* é, de longe, a faceta mais delicada do processo de reestruturação do passivo.

O débito em questão advém do saque de diversas duplicatas, cuja mercadoria não foi entregue aos sacados. Esse fato tem desdobramentos, em tese, até de natureza penal.

Muitos empresários, num momento de desespero, sacam e descontam títulos sem a correspondente entrega de mercadorias para fazer frente a despesas emergentes, na expectativa de recomprar o papel futuramente ou de entregar a mercadoria, tornando boa a duplicata originalmente emitida sem lastro.

Não obstante a conduta reprovável do empresário que assim procede, o fato é que não se pode rotulá-lo como bandido ou malfeitor, trata-se de um ato extremo de desespero, na grande maioria dos casos.

O interlocutor, aquele que detém o título sem lastro, certamente saberá diferenciar quem assim procedeu por má-fé ou desespero, ao não vislumbrar outra saída.

O certo, independentemente de qualquer juízo de valor, é que essa conduta torna-se ruinosa, na medida em que põe em risco o fundo de comércio da empresa, visto que os clientes não devedores podem ser molestados por avisos de cartório, cobranças e toda a sorte de incômodos.

Tais episódios podem desaguar na perda de clientes e no comprometimento definitivo da empresa.

Entretanto, ainda que profundamente contrariados, os detentores dessas duplicatas podem realizar uma composição no que foi obtido na "Biscoitos Anglais S/A", que conseguiu alongar essa dívida também em sete parcelas, com trinta dias para o pagamento da primeira mensalidade.

24.9.4. Empréstimos de particulares

Finalmente, o último passivo a ser negociado decorre de recursos captados informalmente pelo empresário para reforçar o caixa da empresa.

Esgotado o acesso ao crédito formal – no qual ele emitiu até mesmo títulos sem lastro –, se necessário, o empresário recorre ao crédito informal, ou seja, apela a pessoas próximas e, se não tiver êxito, acaba caindo nas mãos dos agiotas de plantão.

No caso em estudo, a negociação correu a bom termo e conseguiu-se, do mesmo modo, alongar o passivo em sete meses, com carência inicial de trinta dias.

24.10. Concomitância

Todas as ações descritas acima devem ser postas em curso de concomitantemente, ou seja, o rearranjo integral da operação deve contemplar ações simultâneas e, precisamente por isso, é que acreditamos ter a empresa mais chance de sobreviver se for dirigida por uma "equipe", que atuará na execução de cada uma das premissas ao mesmo tempo.

Enquanto se negocia com os bancos, ao mesmo tempo, é necessário negociar com os fornecedores atuais ou selecionar novos para reduzir o preço das matérias-primas; e, enquanto se ajusta o quadro de funcionários, há a necessidade de se obterem melhores taxas e condições com os parceiros financeiros.

Tudo, enfim, tem de acontecer num só tempo.

RESULTADOS DA REESTRUTURAÇÃO

capítulo **25**

Os resultados do processo de reestruturação da "Biscoitos Anglais" são expressivos, pois, sem o saneamento, a operação teria se inviabilizado na medida em que o endividamento de curto e curtíssimo prazos comprometesse o giro.

Se a situação original tivesse persistido, a empresa teria realizado um déficit de caixa da ordem de R$ 777.130,00 (setecentos e setenta e sete mil, cento e trinta reais), quase equivalente às suas vendas mensais que, entre mercado interno e externo, alcançavam R$ 809.256,00 (oitocentos e nove mil, duzentos e cinquenta e seis reais).

O CPV da empresa (Custo dos Produtos Vendidos, que, no nosso exemplo, congrega apenas matéria-prima e embalagem) caiu de R$ 3.728.000,00 (três milhões, setecentos e vinte e oito mil reais) na condição primitiva da empresa para R$ 2.673.041,00 (dois milhões, seiscentos e setenta e três mil e quarenta e um reais), resultando numa economia, no período estudado, de R$ 1.054.959,00 (um milhão, cinquenta e quatro mil, novecentos e cinquenta e nove reais).

A variação do CPV foi negativa em 28,30%, enquanto o faturamento em virtude da eliminação das exportações diminuiu 12,36%, ou seja, a queda das despesas foi desproporcional à diminuição do faturamento, resultando numa expressiva economia real.

As despesas de pessoal, que somavam R$ 578.584,00 (quinhentos e setenta e oito mil, quinhentos e oitenta e quatro reais), foram racionalizadas e passaram a ser de R$ 492.227,00 (quatrocentos e noventa e dois mil, duzentos e vinte e sete reais), evitando-se, desse modo, o gasto de R$ 86.357,00 (oitenta e seis mil, trezentos e cinquenta e sete reais), que, percentualmente, representa uma redução de 14,93% sobre o gasto original.

Finalmente, as despesas administrativas e comerciais sofreram uma expressiva diminuição, já que importavam em R$ 489.600,00 (quatrocentos e oitenta e nove mil e seiscentos reais) e passaram a ser de R$ 368.280,00 (trezentos e sessenta e oito mil, duzentos e oitenta reais), ensejando a poupança de R$ 121.320,00 (cento e vinte e um mil, trezentos e vinte reais), ou seja, redução de 24,78% da despesa primitiva.

O resultado operacional na condição original, que foi negativo em R$ 367.130,00 (trezentos e sessenta e sete mil, cento e trinta reais), passou a ser positivo em R$ 471.417,00 (quatrocentos e setenta e um mil, quatrocentos e dezessete reais), de onde concluímos ter havido um ganho para a empresa de R$ 838.547,00 (oitocentos e trinta e oito mil, quinhentos e quarenta e sete reais), permitindo, com isso, transformar o déficit de caixa de R$ 777.130,00 (setecentos e setenta e sete mil, cento e trinta reais) em um superávit de R$ 61.417,00 (sessenta e um mil, quatrocentos e dezessete reais), após a quitação de todas as dívidas.

A empresa, que só fazia acumular prejuízos, após a realização deste trabalho, pagou toda a sua dívida e apresentou sobra de caixa.

A projeção, pelo período de um ano, na administração da empresa, com as novas premissas, enseja uma realidade completamente distinta:

Biscoitos Anglais: Fluxo de caixa – Planejamento 1 ano

		Jan-11	Fev-11	Mar-11	Abr-11	Maio-11	Jun-11	Jul-11	Ago-11	Set-11	Out-11	Nov-11	Dez-11	Total 2011
Entradas														
1	**Receita Total**													
1.1	Vend M. Interno	700.000	700.000	700.000	700.000	700.000	700.000	700.000	700.000	700.000	700.000	700.000	700.000	8.400.000
1.2	Vend Res. e Sucata	9.256	9.256	9.256	9.256	9.256	9.256	9.256	9.256	9.256	9.256	9.256	9.256	111.069
1.3	Vend M. Externo	0	0	0	0	0	0	0	0	0	0	0	0	0
	Total Vendas	709.256	709.256	709.256	709.256	709.256	709.256	709.256	709.256	709.256	709.256	709.256	709.256	8.511.069
1.3	ICMS	-126.000	-126.000	-126.000	-126.000	-126.000	-126.000	-126.000	-126.000	-126.000	-126.000	-126.000	-126.000	-1.512.000
1.4	PIS/COFINS	-64.750	-64.750	-64.750	-64.750	-64.750	-64.750	-64.750	-64.750	-64.750	-64.750	-64.750	-64.750	-777.000
	Total Impostos	-190.750	-190.750	-190.750	-190.750	-190.750	-190.750	-190.750	-190.750	-190.750	-190.750	-190.750	-190.750	-2.289.000
1.5	Devoluções	0	0	0	0	0	0	0	0	0	0	0	0	0
1.6	Desc. e Bonificações	-1.200	-1.200	-1.200	-1.200	-1.200	-1.200	-1.200	-1.200	-1.200	-1.200	-1.200	-1.200	-14.400
	Total Dev./Desc./Bon.	-1.200	-1.200	-1.200	-1.200	-1.200	-1.200	-1.200	-1.200	-1.200	-1.200	-1.200	-1.200	-14.400
	Despesas Financeiras	-14.185	-14.185	-14.185	-14.185	-14.185	-14.185	-14.185	-14.185	-14.185	-14.185	-14.185	-14.185	-170.221
	Entrada Líquida	503.121	503.121	503.121	503.121	503.121	503.121	503.121	503.121	503.121	503.121	503.121	503.121	6.037.447
Saídas														
2	**Custo dos Produtos Vendidos**													
2.1	MP Merc. Interno	-243.130	-243.130	-243.130	-243.130	-243.130	-243.130	-243.130	-243.130	-243.130	-243.130	-243.130	-243.130	-2.917.561
2.2	MP Merc. Externo	0	0	0	0	0	0	0	0	0	0	0	0	0
2.3	Caixa de Papelão	-28.000	-28.000	-28.000	-28.000	-28.000	-28.000	-28.000	-28.000	-28.000	-28.000	-28.000	-28.000	-336.000
2.4	Embalagem Plástica	-62.000	-62.000	-62.000	-62.000	-62.000	-62.000	-62.000	-62.000	-62.000	-62.000	-62.000	-62.000	-744.000
2.5	Compl. Embalagem	-1.000	-1.000	-1.000	-1.000	-1.000	-1.000	-1.000	-1.000	-1.000	-1.000	-1.000	-1.000	-12.000
	Total CPV	-334.130	-334.130	-334.130	-334.130	-334.130	-334.130	-334.130	-334.130	-334.130	-334.130	-334.130	-334.130	-4.009.561
3	**Concessionárias**													
3.1	Energia	-2.000	-2.000	-2.000	-2.000	-2.000	-2.000	-2.000	-2.000	-2.000	-2.000	-2.000	-2.000	-24.000
3.3	Telefonia	-500	-500	-500	-500	-500	-500	-500	-500	-500	-500	-500	-500	-6.000
	Total Concessionárias	-2.500	-2.500	-2.500	-2.500	-2.500	-2.500	-2.500	-2.500	-2.500	-2.500	-2.500	-2.500	-30.000
4	**D.P. (Diretos e Indiretos)**													
4.1	Salários Administração	-24.000	-24.000	-24.000	-24.000	-24.000	-24.000	-24.000	-24.000	-24.000	-24.000	-24.000	-24.000	-288.000
4.2	Pró-Labore	-12.000	-12.000	-12.000	-12.000	-12.000	-12.000	-12.000	-12.000	-12.000	-12.000	-12.000	-12.000	-144.000
4.3	Horas Extras e Adicionais	-1.200	-1.200	-1.200	-1.200	-1.200	-1.200	-1.200	-1.200	-1.200	-1.200	-1.200	-1.200	-14.400
4.4	Gratificações a Empregados	-800	-800	-800	-800	-800	-800	-800	-800	-800	-800	-800	-800	-9.600
4.5	INSS	-6.912	-6.912	-6.912	-6.912	-6.912	-6.912	-6.912	-6.912	-6.912	-6.912	-6.912	-6.912	-82.944
4.6	FGTS	-1.920	-1.920	-1.920	-1.920	-1.920	-1.920	-1.920	-1.920	-1.920	-1.920	-1.920	-1.920	-23.040
4.7	Benefícios	-2.400	-2.400	-2.400	-2.400	-2.400	-2.400	-2.400	-2.400	-2.400	-2.400	-2.400	-2.400	-28.800
4.8	13º Salário	0	0	0	0	0	0	0	0	0	0	-12.000	-12.000	-24.000
4.9	Férias	-2.666	-2.666	-2.666	-2.666	-2.666	-2.666	-2.666	-2.666	-2.666	-2.666	-2.666	-2.666	-31.997
4.10	Alimentação	-1.360	-1.360	-1.360	-1.360	-1.360	-1.360	-1.360	-1.360	-1.360	-1.360	-1.360	-1.360	-16.320
4.11	Aviso-Prévio e Indenizações	-640	-640	-640	-640	-640	-640	-640	-640	-640	-640	-640	-640	-7.680
4.12	Benefícios Diversos	-960	-960	-960	-960	-960	-960	-960	-960	-960	-960	-960	-960	-11.520
	Total Dep. Pessoal	-54.858	-54.858	-54.858	-54.858	-54.858	-54.858	-54.858	-54.858	-54.858	-54.858	-66.858	-66.858	-682.301
5	**Despesas Adm./Com.**													
5.1	Aluguéis de Imóveis	-8.000	-8.000	-8.000	-8.000	-8.000	-8.000	-8.000	-8.000	-8.000	-8.000	-8.000	-8.000	-96.000
5.2	IPTU	-1.650	-1.650	-1.650	-1.650	-1.650	-1.650	-1.650	-1.650	-1.650	-1.650	-1.650	-1.650	-19.800
5.3	Serviços Terceirizados	-2.100	-2.100	-2.100	-2.100	-2.100	-2.100	-2.100	-2.100	-2.100	-2.100	-2.100	-2.100	-25.200
5.4	Comissões sobre vendas	-9.800	-9.800	-9.800	-9.800	-9.800	-9.800	-9.800	-9.800	-9.800	-9.800	-9.800	-9.800	-117.600
5.5	Desp. com Veículos	-4.900	-4.900	-4.900	-4.900	-4.900	-4.900	-4.900	-4.900	-4.900	-4.900	-4.900	-4.900	-58.800
5.6	Fretes	-14.700	-14.700	-14.700	-14.700	-14.700	-14.700	-14.700	-14.700	-14.700	-14.700	-14.700	-14.700	-176.400
5.7	Manut. e Conservação	-1.225	-1.225	-1.225	-1.225	-1.225	-1.225	-1.225	-1.225	-1.225	-1.225	-1.225	-1.225	-14.700
5.8	Viagens e Estadias	-560	-560	-560	-560	-560	-560	-560	-560	-560	-560	-560	-560	-6.720
5.9	Prop. e Publicidade	-350	-350	-350	-350	-350	-350	-350	-350	-350	-350	-350	-350	-4.200
5.12	Outras Despesas	-1.750	-1.750	-1.750	-1.750	-1.750	-1.750	-1.750	-1.750	-1.750	-1.750	-1.750	-1.750	-21.000
5.13	Seguros	-1.000	-1.000	-1.000	-1.000	-1.000	-1.000	-1.000	-1.000	-1.000	-1.000	-1.000	-1.000	-12.000
	Total Outras Despesas	-46.035	-46.035	-46.035	-46.035	-46.035	-46.035	-46.035	-46.035	-46.035	-46.035	-46.035	-46.035	-552.420
	Resultado Antes da Dívida	65.597	65.597	65.597	65.597	65.597	65.597	65.597	65.597	65.597	65.597	53.597	53.597	763.166
	Total Geral das Saídas	-437.523	-437.523	-437.523	-437.523	-437.523	-437.523	-437.523	-437.523	-437.523	-437.523	-449.523	-449.523	-5.274.282
	Superávit de Caixa	65.597	65.597	65.597	65.597	65.597	65.597	65.597	65.597	65.597	65.597	53.597	53.597	763.166
	Resultado Acumulado	65.597	131.194	196.791	262.389	327.986	393.583	459.180	524.777	590.374	655.971	709.568	763.166	

Vejamos, ao longo do tempo, o que acontecerá com a empresa se esse desenho de operação persistir, por exemplo, por cinco anos.

Biscoitos Anglais	Total 2011	Total 2012	Total 2013	Total 2014	Total 2015	Total 2016	ACUMULADO
Entradas							
1 Receita Total							
1.1 Vendas Mercado Interno	8.400.000	8.400.000	8.400.000	8.400.000	8.400.000	8.400.000	50.400.000
1.2 Venda de Resíduos e Sucatas	111.069	111.069	111.069	111.069	111.069	111.069	666.412
1.3 Vendas Mercado Externo	0	0	0	0	0	0	0
Total Vendas	8.511.069	8.511.069	8.511.069	8.511.069	8.511.069	8.511.069	51.066.412
1.3 ICMS	-1.512.000	-1.512.000	-1.512.000	-1.512.000	-1.512.000	-1.512.000	-9.072.000
1.4 PIS/COFINS	-777.000	-777.000	-777.000	-777.000	-777.000	-777.000	-4.662.000
Total Impostos	-2.289.000	-2.289.000	-2.289.000	-2.289.000	-2.289.000	-2.289.000	-13.734.000
1.5 Devoluções	0	0	0	0	0	0	0
1.6 Descontos e Bonificações	-14.400	-14.400	-14.400	-14.400	-14.400	-14.400	-86.400
Total Dev./Desc./Bon.	-14.400	-14.400	-14.400	-14.400	-14.400	-14.400	-86.400
Despesas Financeiras	-170.221	-170.221	-170.221	-170.221	-170.221	-170.221	-1.021.328
Entrada Líquida	6.037.447	6.037.447	6.037.447	6.037.447	6.037.447	6.037.447	36.224.684
Saídas							
2 Custo dos Produtos Vendidos							
2.1 Matéria-Prima Mercado Interno	-2.917.561	-2.917.561	-2.917.561	-2.917.561	-2.917.561	-2.917.561	-17.505.366
2.2 Matéria-Prima Mercado Externo	0	0	0	0	0	0	0
2.3 Caixa de Papelão	-336.000	-336.000	-336.000	-336.000	-336.000	-336.000	-2.016.000
2.4 Embalagem Plástica	-744.000	-744.000	-744.000	-744.000	-744.000	-744.000	-4.464.000
2.5 Complemento de Embalagem	-12.000	-12.000	-12.000	-12.000	-12.000	-12.000	-72.000
Total Custo dos Produtos Vendidos	-4.009.561	-4.009.561	-4.009.561	-4.009.561	-4.009.561	-4.009.561	-24.057.366
3 Concessionárias							
3.1 Energia	-24.000	-24.000	-24.000	-24.000	-24.000	-24.000	-144.000
3.3 Telefonia	-6.000	-6.000	-6.000	-6.000	-6.000	-6.000	-36.000
Total Concessionárias	-30.000	-30.000	-30.000	-30.000	-30.000	-30.000	-180.000
4 D.P. (Diretos e Indiretos)							
4.1 Salários Administração	-288.000	-288.000	-288.000	-288.000	-288.000	-288.000	-1.728.000
4.2 *Pró-Labore*	-144.000	-144.000	-144.000	-144.000	-144.000	-144.000	-864.000
4.3 Horas Extras e Adicionais	-14.400	-14.400	-14.400	-14.400	-14.400	-14.400	-86.400
4.4 Gratificações a Empregados	-9.600	-9.600	-9.600	-9.600	-9.600	-9.600	-57.600
4.5 INSS	-82.944	-82.944	-82.944	-82.944	-82.944	-82.944	-497.664
4.6 FGTS	-23.040	-23.040	-23.040	-23.040	-23.040	-23.040	-138.240
4.7 Benefícios	-28.800	-28.800	-28.800	-28.800	-28.800	-28.800	-172.800
4.8 13º Salário	-24.000	-24.000	-24.000	-24.000	-24.000	-24.000	-144.000
4.9 Férias	-31.997	-31.997	-31.997	-31.997	-31.997	-31.997	-191.981
4.10 Alimentação	-16.320	-16.320	-16.320	-16.320	-16.320	-16.320	-97.920
4.11 Aviso-Prévio e Indenizações	-7.680	-7.680	-7.680	-7.680	-7.680	-7.680	-46.080
4.12 Benefícios Diversos	-11.520	-11.520	-11.520	-11.520	-11.520	-11.520	-69.120
Total Departamento Pessoal	-682.301	-682.301	-682.301	-682.301	-682.301	-682.301	-4.093.805
5 Despesas Adm./Com.							
5.1 Aluguéis de Imóveis	-96.000	-96.000	-96.000	-96.000	-96.000	-96.000	-576.000
5.2 IPTU	-19.800	-19.800	-19.800	-19.800	-19.800	-19.800	-118.800
5.3 Serviços Terceirizados	-25.200	-25.200	-25.200	-25.200	-25.200	-25.200	-151.200
5.4 Comissões sobre vendas	-117.600	-117.600	-117.600	-117.600	-117.600	-117.600	-705.600
5.5 Despesas com Veículos	-58.800	-58.800	-58.800	-58.800	-58.800	-58.800	-352.800
5.6 Fretes	-176.400	-176.400	-176.400	-176.400	-176.400	-176.400	-1.058.400
5.7 Manutenção e Conservação	-14.700	-14.700	-14.700	-14.700	-14.700	-14.700	-88.200
5.8 Viagens e Estadias	-6.720	-6.720	-6.720	-6.720	-6.720	-6.720	-40.320
5.9 Propaganda e Publicidade	-4.200	-4.200	-4.200	-4.200	-4.200	-4.200	-25.200
5.12 Outras Despesas	-21.000	-21.000	-21.000	-21.000	-21.000	-21.000	-126.000
5.13 Seguros	-12.000	-12.000	-12.000	-12.000	-12.000	-12.000	-72.000
Total Outras Despesas	-552.420	-552.420	-552.420	-552.420	-552.420	-552.420	-3.314.520
Resultado Antes da Dívida	763.166	763.166	763.166	763.166	763.166	763.166	4.578.993
Total Geral das Saídas	-5.274.282	-5.274.282	-5.274.282	-5.274.282	-5.274.282	-5.274.282	-31.645.691
Superávit de Caixa	763.166	763.166	763.166	763.166	763.166	763.166	4.578.993
Resultado Acumulado	763.166	763.166	763.166	763.166	763.166	763.166	

Você, caro leitor, talvez esteja surpreso com a ampla reversão do resultado.

Em cinco anos, a "Biscoitos Anglais" teria um superávit mais de dez vezes superior à sua dívida inicial em caixa.

Essa simulação é, sem dúvida, rasteira, na medida em que se desconsideram aumentos de custo de matéria-prima, dissídios e outras despesas. Porém, o exercício feito se calca em premissas válidas e constitui uma projeção bastante segura dos resultados futuros se, evidentemente, o rigor da administração for mantido.

Convido o leitor a refletir sobre os rios de dinheiro perdidos na ineficiência e no descaso com a administração cotidiana das empresas, até mesmo naquelas que dão lucro e poderiam oferecer um retorno muito maior.

A lógica da "gestão de crise" propicia uma imensa criação de valor, e não é sem motivo que profissionais da área estão sendo chamados para dirigir grandes conglomerados de varejo, como aconteceu num passado não muito remoto com o Grupo Pão de Açúcar e, mais recentemente, instituições financeiras como BTG e Pactual.

MUTATIS MUTANDIS

Tudo na vida muda, como dizem os budistas. A impermanência é a grande certeza de nossas vidas, tudo a todo momento se modifica; o que é uma característica da natureza, da vida humana e, por extensão, dos negócios.

Assim, dentro dessa lei universal, a expressão latina *mutatis mutandis* designa a necessidade de mudança sempre que a premissa original que ensejou determinada circunstância também se altera.

Desse modo, o que deveria ser uma ocorrência normal e aceitável – dentro de um processo de reestruturação de uma empresa – acaba sendo traumático.

Os interlocutores, em geral, especialmente os maiores credores, sentem-se pessoalmente afrontados diante da necessidade de rever ajustes anteriores. Reprogramar um compromisso é quase uma ofensa pessoal; eles se sentem traídos.

É evidente que estamos falando de mudanças abruptas nos cenários e nas circunstâncias da empresa; rever um ajuste duramente negociado por mero capricho ou de maneira leviana é, sim, desrespeito e falta de seriedade.

Há, entretanto, situações em que a revisão é inexorável e não resta outra alternativa se não munir-se de coragem e promover – de forma consensual – o ajuste.

O que separa a boa técnica da leviandade é, sempre, uma abordagem técnica que comprova a necessidade de alterações no plano original.

Se, por um lado, a renegociação da renegociação se apresenta desgastante na maioria das ocasiões, por outro, a contemporização é muito pior na medida em que o plano de reestruturação e a empresa como um todo podem ter sua sorte definida a partir da ausência de providências.

A adoção de uma postura séria, porém arrojada e técnica, é o que propicia a superação da dificuldade em todas as circunstâncias, inclusive nas mais difíceis e embaraçosas.

GESTÃO FINANCEIRA

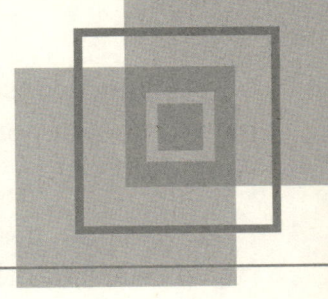

capítulo 27

Embora espirituosa, ou até mesmo por isso, a frase acima espelha bem o pensamento de parte da população acerca dos bancos e, portanto, não resisti à tentação de transcrevê-la para ilustrar este capítulo.

Afinal, este sentimento é totalmente compreensível, uma vez que as notícias sobre os fabulosos lucros dessas instituições financeiras são praticamente diárias.

Embora eu, pessoalmente, não acredite no sentido da citação de Brecht, não posso deixar de reconhecer que a frase traduz uma grande carga de preconceito, como se o roubo propiciasse enriquecimento sem causa, e o empréstimo de dinheiro, retorno ainda mais fácil.

Em contrapartida, o conceito de lucro em nossa sociedade católico-cristã ainda é visto como sinônimo de usura, pecado.

Basicamente, este também é o mesmo pensamento – inconsciente até – do qual padece o empresário brasileiro, e certamente ele faz parte do rol de obstáculos ao desenvolvimento dos negócios.

A maioria dos empresários ainda conta com a noção de que os bancos só têm por intuito ganhar dinheiro, independentemente de como isso ocorra.

Essa visão, na verdade, é maniqueísta e, em certo sentido, polariza o relacionamento, impedindo o estabelecimento claro e objetivo, de laços mais estreitos entre banco e empreendedor.

Nas últimas décadas, além dos bancos, as *factorings* e os FIDCs passaram a irrigar o país com volumes de crédito inéditos, propiciando expressivo crescimento da economia. As *factorings* e os FIDCs foram a tábua de salvação para empresas que, por qualquer motivo, perderam o acesso ao crédito bancário.

Ao longo dos anos, assisti a algumas dezenas de empresas serem salvas por intervenção de bancos e *factorings*, que – não obstante atuarem em função do lucro de cada operação – contribuíram com a manutenção de centenas e centenas de postos de trabalho.

Há, evidentemente, exemplos de instituições cujas operações não resistiriam a uma análise profunda, uma vez que as taxas pactuadas, no final das contas, destoam dos resultados finais das operações. Dessa maneira, o valor liberado à empresa solicitante sempre é inferior ao que deveria ser.

Mas a minha experiência demonstra que tais casos são exceções, não a regra.

O fato, no entanto, é que o relacionamento com o mercado financeiro deve se pautar pela objetividade e pelo foco na resolução das questões objetivas e de interesse comum, despojando-nos de quaisquer preconceitos.

parte **3**

ENCERRAMENTO

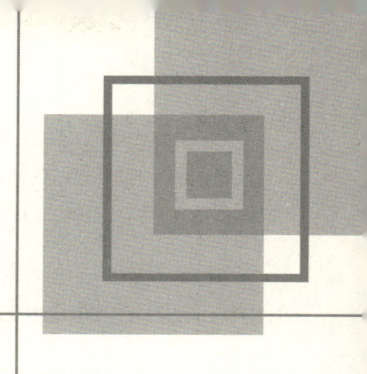

Se você acha que ser real é sentir, tocar, ver, então real não passa
de impulsos elétricos interpretados pelo cérebro!

Morpheus, no filme *Matrix*

Podemos confiar em tudo o que vemos?

A resposta usual é sim, pois nos guiamos pelos nossos sentidos, embora a percepção de realidade varie de pessoa para pessoa, segundo sua cultura e o meio em que vive.

Como leitor atento e curioso, certamente você notou a existência de ilustrações na capa, na contracapa e também no decorrer do livro.

A percepção dessas ilustrações – pelos nossos sentidos – indica movimento e pulsação.

Apesar de, aparentemente, moverem-se e pulsarem, eu afirmo ao leitor: isso não existe, são ilustrações estáticas.

Assim, o aparente movimento é uma ilusão, nossa visão nos engana ao interpretar tais imagens, todas as figuras são ilusões de ótica e, portanto, os movimentos aparentes simplesmente não existem.

Mesmo assim, ainda que ao alcance de seus olhos elas sejam reais, no fundo, é possível que a esta altura, seu cérebro "acredite" piamente que a imagem esteja em movimento.

Ora, se mesmo nossos sentidos (em especial a visão) podem ter uma percepção distorcida da realidade, o que podemos dizer de nossas certezas, simpatias ou inclinações na gestão da empresa?

Será que – se não podemos confiar sequer no que vemos – podemos confiar piamente no que sentimos?

Não há como conduzir um empreendimento apoiando-se em aspectos subjetivos da realidade. Para efetivamente realizar uma boa gestão, com o objetivo de superar as dificuldades, é imperativo adotar uma postura aberta a novas soluções, bem como ferramentas OBJETIVAS, que permitam a correta tomada de decisões.

É preciso, constantemente, que desafiemos nossas certezas e inclinações.

É necessário que, num momento de crise, as nossas convicções sejam sacrificadas permanentemente. A indagação presente no título desta obra quer instigar o empresário exatamente a esta conclusão: num momento de crise, devemos matar nossas paixões.

Administrar uma empresa é como conduzir um navio, em que o capitão precisa utilizar-se, além de sua experiência no mar, de instrumentos de precisão, como bússola, radar, GPS, entre outros, para se localizar no imenso oceano. Qualquer imprecisão, mínima que seja, pode levar a embarcação a quilômetros da rota correta.

Todos aqueles que se deixaram levar pelo "canto da sereia" e perderam a noção da realidade jamais conseguirão comandar novamente suas empresas.

É uma lição para ser aprendida todos os dias.

POSFÁCIO

O empresário no meio do redemoinho

Um dos países mais empreendedores do mundo, o Brasil, é também aquele em que a mortalidade das empresas ultrapassa todos os limites. Os motivos são diversos e cada qual deve ter seu efeito negativo. Enquanto a elevada carga tributária desestimula a competitividade e o desenvolvimento, a falta de apoio e a burocracia do Estado tolhem qualquer lampejo de empreendedorismo.

Paralelamente, ainda é preciso entender que outro componente presente nas companhias em crise é a má gestão administrativa, e o livro *Quem matar na hora da crise?* constitui uma importante ferramenta para debelar ou diminuir esse estado de coisas.

Diante desse quadro desolador, a obra do consultor Artur Lopes traz um alento ao mercado, que carece de trabalhos tão bem elaborados quanto este, ao mostrar ao leitor que nem tudo está perdido. Seu conteúdo vai ao cerne das questões, descortinando situações que, muitas vezes, aos olhos do empreendedor parecem intransponíveis.

Por ser multidisciplinar, o texto é de interesse não apenas de empresários, mas também daqueles que administram as companhias, advogados, contadores, economistas e, até mesmo, jornalistas, em função de seu conteúdo ser quase didático para um livro que poderia ser considerado técnico.

Creio ainda, sem medo de cometer aqui qualquer exagero, que a obra deve fazer parte da cesta de obras de referência em universidades de todo o país, por sua abordagem moderna e direta de problemas tão comuns àqueles que se propõem a ter um negócio.

O livro também deveria estar em cada gabinete dos Poderes Executivo e Legislativo Brasil afora, pois expõe a realidade empresarial nacional e mostra que as soluções devem ser reais, e não peças de ficção, contadas durante campanhas eleitorais.

Afinal, como empresário e dirigente da terceira maior associação comercial do país, posso dizer que os empreendedores não querem privilégios, mas condições igualitárias de competição com aqueles que exportam seus produtos para cá. Invariavelmente desamparado pelas políticas oficiais, o empreendedor brasileiro costuma ser tragado pelo redemoinho burocrático que assola a nação.

Profissional de reputação ilibada, sério e competente, o consultor Artur Lopes conseguiu realizar um trabalho muito bem embasado, refletindo a metodologia empregada – com êxito – nos projetos voltados especialmente para empresas de médio e grande porte.

Um dos pontos que chamou a minha atenção foi a parte em que o autor discorre sobre os aspectos econômicos e financeiros da operação, invariavelmente deixados em segundo plano pelos empresários.

São características fundamentais do negócio, como a análise dos balanços contábeis e a formação das margens, que obrigam o gestor a observar o comportamento de sua lucratividade e qual o impacto terá no patrimônio líquido da empresa. É algo complexo, mas precisa ser feito.

Artur Lopes tem o mérito de explorar temas espinhosos em linguagem simples e didática – apropriada ao empresário – sem tecnicismos ou jargões, facilitando, com isso, o entendimento e dando margem ao surgimento natural de empatia com o leitor.

Construída com base em anos de experiência de seu autor, a obra é fluida, tanto que transforma um livro técnico em leitura de interesse geral. Li suas páginas em um só fôlego e não poderia deixar de concordar com ele quando diz que, nos tempos atuais, não se trata de saber SE a crise virá, mas, sim, QUANDO isso vai ocorrer e, claro, o que fazer para dissipar os seus efeitos. Esse deve ser um mantra a ecoar diariamente na vida dos empresários.

André Menezes de Melo
Presidente da Associação Comercial
e Empresarial de Osasco (ACEO)

OBRAS DE INTERESSE

Além dos livros citados nesta obra, cuja leitura é enfaticamente recomendada, há algumas outras obras sobre o tema que acrescentam muito a quem deseja se situar no universo da crise e, principalmente, da superação das dificuldades. São elas:

LOPES, Artur; ASSIS, Jonas Hipólito de. *Manual de gestão de crise financeira e turnaround.* São Paulo: IOB, 2009.

KEOUGH, Donald R. *10 Mandamentos para fracassar nos negócios.* Rio de Janeiro: Sextante, 2010.

DOMINGOS, Carlos. *Oportunidades disfarçadas.* Rio de Janeiro: Sextante, 2009.

MANDEL, Julio Kahan. *Nova lei de falências e recuperação de empresas.* São Paulo: Saraiva, 2005.

FERREIRA, Vera Rita de Mello. *Psicologia econômica.* Rio de Janeiro: Elsevier, 2008.

BAYUMAN, Zygmunt. *Medo líquido.* Rio de Janeiro: Jorge Zahar, 2006.

LEITÃO, Miriam. *Saga brasileira.* Rio de Janeiro: Record, 2011.

CUTLER, Howard C.; LAMA, Dalai. *A arte da felicidade:* um manual para a vida. São Paulo: Martins Fontes, 2002.

O aprendizado nos chega sob várias formas e, além das leituras recomendadas, tomo a liberdade de indicar ao leitor uma pequena filmografia que aborda, direta ou indiretamente, alguns dos temas tratados neste livro.

A história de Qiu Ju
Direção: Zhang Yimou
Ano: 1992
País: Hong Kong, China
Gênero: drama
Duração: 101 min/cor

Madadayo
Direção: Akira Kurosawa
Ano: 1993
País: Japão
Gênero: drama
Duração: 134 min

A felicidade não se compra
Direção: Frank Capra
Ano: 1946
País: EUA
Gênero: drama, família, fantasia, romance
Duração: 130 min/p&b

À procura da felicidade
Direção: Gabriele Muccino
Ano: 2006
País: EUA
Gênero: drama
Duração: 117 min

A outra face da raiva
Direção: Mike Binder
Ano: 2005
País: Inglaterra, Alemanha, EUA
Gênero: drama, comédia, romance
Duração: 118 min

Trabalho interno
Direção: Charles Ferguson
Ano: 2010
País: EUA
Gênero: documentário
Duração: 105 min

Amor sem escalas
Direção: Jason Reitman
Ano: 2009
País: EUA
Gênero: comédia, drama, romance
Duração: 109 min

AGRADECIMENTOS

Ao longo do tempo, tive o privilégio de conviver com pessoas que me acrescentaram muito, pessoal e profissionalmente, e, desse modo, fica a minha homenagem a: Adriano Ghelman, Aguinaldo Amo Martins, Alberlan Matos dos Santos, Alesson Pádua Tavares, Alexandre Abrego, Alexandre Capelozza, Alexandre Fraga, Alexandre Lorusso, Ana Targa, Andre Delatogna, Antonio Augusto Mamede, Antonio Belinelo, Antonio Carlos Sobrinho, Antonio Daniele, Antonio Miguel Simão, Augusto Mendes, Bethânia Placucci Bari, Bianca Almeida, Bruno Miwa Alves, Carlos Alberto Barcellos Esteves, Carlos Alfredo, Carlos Cornelio, Celso Faria, Luiz do Couto Neto, CG, Charles Behs, Claudio Garcia da Costa, Cláudio Halaban, Claudio Sillos, Clayton Lopes de Souza Santos, Clito Fornaciari, Daniele Teixeira F. Pedroso, Dario Alexandre, Diego D´Ermoggine, Eduardo Poloni, Eliane Migliano, Elvis Afonso, Ewerton Nunes, Fábio Fernando Martini, Fábio Bueno, Fábio Matos, Fábio Pagnozzi, Fábio Zogbi, Fernando Mota, Flávio Cataldo, Flávio Gikovate, Francielle Fonseca de Assis, Francisco Canazart, Francisco Benedito da Silveira Filho, Francisco Torralbo, Geani Ferreira Valim,

Gerson Prado, Giancarlo Dardi, Gilberto Aguitoni, Gilson Bientinez, Gladinston Silvestrini, Gloria Escobosa Valejo, Graciane Meneghel Nascimento, Guivan Bueno, Gustavo Buschinelli, Gustavo Catenaci, Helio Wagner da Silveira, Hirochi Akabane, Jacques Nasser, Jango Ribeiro, Jeff Moda, Jeferson De Prá, João Caetano Magalhães, Jonathan C. Saragossa, José Francisco Pereira, José Gomes, Jose Magalhães Vilela, José Ricardo da Costa, Jose Roberto Faria Lima, José Roberto Santos, Jose Teruji Tamasato, Josival e Juliana Moreira, Julio K. Mandel, Klever Muller, Leila Moraes, Liége Ribeiro Pousa, Luciana Rodrigues, A. Luciano Gonçalves, Luciano Kisner, Luidg Uchoa, Luiz Carlos Melão, Luiz Otavio Dantas, Luiz Santi, Manoel Cardoso, Manoel e Iliria Pilisari, Marcelo Alves, Marcelo Balan, Marcelo Camilo, Marcelo José Soares, Marcelo Torresi, Marco e Kátia Machado, Marcos Bomfim, Mario Pagnozzi, Mário Perdigão, Marcos Rodrigues Martins, Mauricio Gianini, Milton Hummel, Neide Erance, Nilton Ramos, Noemir Capoani, Odair Vacco, Oscar Uehara, Paquito, Paulo Coli, Pedro Pagnozzi, Pepe, Raquel, Renato e Eduardo Mange, Ricardo Mesa, Roberta e Roberto Vetrano, Roberta Salles, Robinson Leite, Rodolfo Preus, Rogério Diniz, Romeu Bocutti Sobrinho, Rubens Harb Boullos, Samir Cecim, Sandra Gabrielleschi, Sandra Regina Ferreira, Sandra Sosnowij, Sayuri Sandra Takigahira, Santino Silveira, Sergio Sanicola, Sidney Barone, Silvestre Solak, Silvia Costa, Silvia Sartoris, Silvio Peruqueti, Sydney Marques Paiva, Thomas Muller Valdenir Dantas, Valdir Campos, Valdir Donizete, Valter Coltro, Vanessa Infantini Vilela, Venício Neves Pereira, Vinicius Buschinelli, Viviane Serra, Wagner Araújo, Wagner Barbero, Wagner Fonseca, Wagner Gutierrez, William Correa, William Fajardo.

Quem escreverá a história do que poderia ter sido...
Fernando Pessoa

Este livro foi impresso em papel Lux Cream 70 g
pela gráfica Paym.